重庆文化遗产保护系列丛书

三峡后续考古发现

（第一卷）

重庆市文物考古研究院
重庆文化遗产保护中心 编著

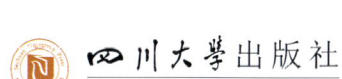

图书在版编目（CIP）数据

三峡后续考古发现. 第一卷 / 重庆市文物考古研究院，重庆文化遗产保护中心编著. — 成都：四川大学出版社，2022.7
ISBN 978-7-5690-5606-8

Ⅰ. ①三… Ⅱ. ①重… ②重… Ⅲ. ①三峡—考古发现—图集 Ⅳ. ①K872.630.2

中国版本图书馆CIP数据核字（2022）第133447号

书　　名	三峡后续考古发现（第一卷） Sanxia Houxu Kaogu Faxian (Di-yi Juan)
编　　著	重庆市文物考古研究院　重庆文化遗产保护中心
选题策划	梁　胜
责任编辑	梁　胜
责任校对	陈　纯
装帧设计	墨创文化
责任印制	王　炜
出版发行	四川大学出版社有限责任公司 地址：成都市一环路南一段24号（610065） 电话：（028）85408311（发行部）、85400276（总编室） 电子邮箱：scupress@vip.163.com 网址：https://press.scu.edu.cn
印前制作	成都墨之创文化传播有限公司
印刷装订	成都市新都华兴印务有限公司
成品尺寸	185mm×260mm
印　　张	15.75
字　　数	179千字
版　　次	2022年10月 第1版
印　　次	2022年10月 第1次印刷
定　　价	360.00元

本社图书如有印装质量问题，请联系发行部调换

版权所有 ◆ 侵权必究

四川大学出版社
微信公众号

重庆文化遗产保护系列丛书编委会

主 任
白九江

副主任
周大庆　　袁东山　　方　刚　　沈祖全

委 员（以姓氏笔画为序）
于桂兰　　叶　琳　　刘　华　　刘继东　　孙　慧　　李大地　　沈　修
吴　广　　范　鹏　　林必忠　　袁　钧

本书编委会

主 编
范　鹏

编 委（以姓氏笔画为序）
马晓娇　　代玉彪　　肖碧瑞　　杨鹏强　　黄　伟

作为三峡工程文物保护的延续,三峡后续考古工作得到了国务院三峡办(现已并入水利部)、国家文物局、重庆市移民局(现已并入重庆市水利局)、重庆市文物局的高度重视和全程指导,特别是三峡后续项目在申报方式、运行管理等方面相较于前三峡时期发生很大变化的情况下,上级领导机关充分理解考古工作的现实特殊性,从政策与资金两个方面给予了坚实保障。

围绕消落区抢救考古和大遗址保护考古两大主题,截至2021年12月,重庆市文物考古研究院已全面完成了已获批的62个项目的实施。其中,消落区抢救考古项目56项,涵盖对巫山、奉节、云阳、开州、万州、忠县、石柱、丰都、涪陵、武隆、长寿、渝北、南岸等13个区县的141处消落区文物的抢救性发掘,合计完成发掘面积105439平方米;大遗址保护考古项目6项,实施对象分别为巫山高唐观遗址、巫溪宁厂古镇遗址、奉节白帝城遗址、云阳磐石城遗址、万州天生城遗址和忠县皇华城遗址,合计完成发掘面积26809平方米。

通过10年来持续不断的考古工作,一方面,有效实现了对消落区出露文物的及时保护,避免了因国有文物流失带来的不良影响,大大缓解了三峡工程文物保护工作结束后消落区地下文物所面临的严峻安全形势;另一方面,多年度的大遗址考古科学厘清了以白帝城遗址、

天生城遗址为代表的一批三峡库区大遗址的总体内涵，有力支撑了遗址下一阶段的保护利用，积极助力三峡国家考古遗址公园建设。上述成绩再次证明，三峡库区的文物遗存具有极高的历史、科学与艺术价值，三峡后续文物保护工作不仅十分必要，而且具有十分重要的现实意义。

在三峡后续考古工作重心即将转入全面配合三峡国家考古遗址公园建设之际，我院筹划编撰一套三卷本的集科学性与普及性于一体的考古发现图集，以区县为单元介绍三峡后续考古成果。其中，第一卷由巫山、奉节、云阳等3个区县组成，第二卷由万州、开州、忠县、石柱等4个区县组成，第三卷由丰都、涪陵、武隆、长寿、渝北、南岸等6个区县组成。每个区县均单独成篇，在总结三峡后续考古收获的同时，以三峡考古为主对既往相关考古工作也进行梳理，在一定程度上相当于对该区县新中国成立以来考古工作的总结。之所以要出版《三峡后续考古发现》系列图书，主要基于以下几个方面的考虑：一是积极响应"让文物活起来"的号召。我们作为发掘者，在保护好、研究好文物的同时，更有义务去讲好文物背后的故事，更好地履行考古工作者的社会职能。二是更好地展示三峡后续考古工作成绩。既往的工作以抢救文物为重心，对宣传展示成果则是心有余而力不足，我们也想通过这套书来弥补这一缺憾。三是加快考古成果的转化速度。考古是一门十分严谨的科学，即使是一篇相对简单的考古发掘简报的面世，也要经历一个相当长的周期。作为改变这一现状的一种尝试，本书在刊布考古收获的同时，在考古资料等方面力求做到真实、严谨和科学。作为一部资料性的考古发现图集，相信其对峡江地区的历史与考古研究具有较高的参考价值。

最后需要补充说明的是，本书的涉及考古工作周期主要为1997年至今，期间我院机构名称由重庆市文物考古所先后变更为重庆市文化遗产研究院（2010年变更）、重庆市文物考古研究院（2021年变更）。为避免混淆，本书以叙事要素一致为原则，仍使用考古工作实施时的机构名称。

本书编委会

巫山篇

- 一、县域概况 ······ 002
  - （一）地理环境 ······ 002
  - （二）历史沿革 ······ 002
  - （三）文物资源 ······ 004
- 二、既往考古工作简述 ······ 005
  - （一）三峡工程文物保护考古工作 ······ 005
  - （二）配合基本建设考古工作 ······ 011
  - （三）主动性考古工作 ······ 013
- 三、三峡后续考古成果综述 ······ 013
  - （一）先秦时期遗存 ······ 014
  - （二）战国至南朝墓葬遗存 ······ 017
  - （三）唐至明清遗存 ······ 018
- 四、三峡后续代表性考古发现 ······ 019
  - （一）大水田遗址 ······ 019
  - （二）柏树梁子墓群 ······ 025

（三）蓝家寨遗址 ·· 027

（四）高唐观遗址 ·· 028

（五）万元沟墓地 ·· 031

（六）李家包墓地 ·· 033

（七）大溪村墓群 ·· 034

（八）老屋场墓地 ·· 036

奉节篇

一、县域概况 ·· 106
  （一）地理环境 ·· 106
  （二）历史沿革 ·· 107
  （三）文物资源 ·· 108

二、既往考古工作简述 ······································ 109
  （一）三峡工程文物保护考古工作 ·························· 109
  （二）配合基本建设考古工作 ······························ 118

三、三峡后续考古成果综述 ·································· 120
  （一）战国时期遗存 ······································ 122
  （二）汉至南朝时期遗存 ·································· 122
  （三）唐至明清遗存 ······································ 123

四、三峡后续代表性考古发现 …… 124
（一）白帝山遗址 …… 124
（二）赵家湾墓群 …… 126
（三）老油坊墓群 …… 127
（四）邓家码头遗址 …… 130
（五）白帝城遗址 …… 131

云阳篇

一、县域概况 …… 170
（一）地理环境 …… 170
（二）历史沿革 …… 170
（三）文物资源 …… 172

二、既往考古工作简述 …… 172
（一）三峡工程文物保护考古工作 …… 172
（二）配合基本建设考古工作 …… 178

三、三峡后续考古成果综述 …… 179
（一）先秦时期遗存 …… 182
（二）战国至西汉时期遗存 …… 182
（三）东汉至南朝时期遗存 …… 183

（四）隋唐至明代遗存……………………………………184

四、三峡后续代表性考古发现……………………………184
 （一）磐石城遗址………………………………………184
 （二）营盘包墓群………………………………………190
 （三）打望包墓群………………………………………193
 （四）龙安墓群…………………………………………195
 （五）大凼子墓群………………………………………199
 （六）麻柳林崖墓群……………………………………201
 （七）鲢鱼山遗址………………………………………202

巫山篇

一、县域概况

（一）地理环境

巫山县位于重庆市东北部，地处三峡库区腹心，跨长江巫峡两岸，是重庆东部门户，素有"渝都门户"之称。县域东邻湖北巴东县，南界湖北建始县，西抵奉节县，北依巫溪县及神农架林区。巫山县位于东经109°33′—110°11′，北纬30°45′—23°28′之间，面积2958平方公里，辖2个街道、11个镇、13个乡。

巫山县位于大巴山弧形构造、川东褶皱带及川鄂湘黔隆褶带三大构造体系接合部，巫山、大巴山、七曜山交汇于县境。地貌上呈深谷和中低山相间形态，地形起伏大，坡度陡，山地面积占96%，丘陵平坝占4%。巫山县河流众多，水系发达，长江干流横贯东西，大宁河、抱龙河等7条支流呈南北向强烈下切，形成了发达的东西向和南北向水路交通系统。神奇的长江三峡之巫峡即位于巫山县境内。巫山县为典型的喀斯特地貌，著名的大宁河小三峡位于县境内，全长约50公里，由龙门峡、巴雾峡、滴翠峡组成，以峰奇秀、水奇清、石奇美闻名遐迩，"不是三峡，胜似三峡"。三峡蓄水后，县境内形成了凝翠湖、琵琶湖、双龙湖、大昌湖等4个湖泊。

巫山县属亚热带季风性湿润气候，最低海拔73.1米，最高海拔2680米，立体气候特征明显。气候温和，雨量充沛，森林覆盖率54%。巫山县矿产资源丰富，主要有黑色金属、有色金属、化工原料、非金属矿四大类，其中煤、铁、硫铁矿、石灰岩、硫储量丰富，在巫山的历史发展进程中发挥了重要作用。

（二）历史沿革

巫山县历史悠久，目前已知最早的人类遗存之一可上溯到距今约200万年的"巫山猿人"。大庙龙骨坡遗址出土的古人类牙齿和下颌骨，据对地层所做古地磁鉴定，其年代距今201—204万年。"巫山猿人"化石是亚洲迄今发现的最早的人类化石之一。

巫山县境内著名的大溪遗址，是大溪文化的命名地，县境内分布着大量大溪文化遗存，距今6300—5300年，主要分布于长江干流和大宁河流域。

巫山县夏商时期为梁州之域，西周时期属庸国地，春秋时为夔子国，僖公二十六年，楚人灭夔子国，巫山境域并入楚国。巫山境内的古代先民在夏商周时期创造了光辉灿烂的文化，大宁河下游的琵琶洲遗址、大昌盆地中心的双堰塘遗址、长江左岸的柏树林遗址均发现了大量这一时期的遗存，反映出这一时期文化的繁荣。

战国时期，系楚国西陲门户巫郡，秦昭襄王三十年（公元前277年）建巫县，治今大昌镇，隶黔中郡，后改属南郡。

西汉高祖元年（公元前206年），南郡更名为临江郡，五年（公元前202年）复为南郡，景帝还名临江，又复名南郡，巫县随之；东汉建安十五年（公元210年），刘备主荆州，改临江郡为宜都郡，析巫县置北井县，与巫县同属宜都郡。建安二十一年（公元216年），刘备置固陵郡，治鱼复县，下辖巫、北井等六县。蜀汉章武元年（公元221年），改固陵郡为巴东郡，巫县、北井仍属巴东郡；蜀汉章武二年，刘备征吴失败，县境属吴，隶属宜都郡。吴孙休永安三年（公元260年）分宜都郡置建平郡，治巫城，巫县、北井县属之。

西晋泰始四年（公元268年）隶属巴东郡，泰始五年（公元269年），以巫、北井、泰昌、建始四县置建平都尉，治巫县。咸宁元年（公元275年），改建平都尉为建平郡。泰康元年（公元280年），巫县治由大昌移至江岸郡治。太康初年，置泰昌县。南朝刘宋时期（公元420—479年），析巫县东境设归乡县，属建平郡。梁简文帝大宝元年（公元550年），建平郡升为诸侯王国，巫、泰昌、北井县为建平王大球封地，旋废，属信州永安郡。西魏（公元535—556年）改永安郡为巴东郡，仍属信州，巫县隶之。北周升信州为总管府。后泰昌改建昌，又改大昌。北周武帝天和元年（公元566年），分县境之西置江阴县（治今曲尺乡）。天和二年（公元567年），以北井县所置始宁郡废入永昌郡，旋废永昌，北井县并入大昌县，属巴东郡。

隋开皇三年（公元583年）废建平郡，巫县直隶信州（治今奉节县），巫县加"山"字，巫山县名自此始。大昌仍置，江阴等县废。大业三年（公元607年），复置巴东郡，巫山隶属。唐武德元年（公元618年），改巴东郡为信州，巫山县直隶信州。次年，改信州为夔州。贞观十四年（公元640年），改为夔州都督府。天宝元年（公元742年），易都督府为云安郡。乾元元年（公元758年），复为夔州，巫山、大昌等地皆属。

宋开宝六年（公元973年），以夔州大昌县盐泉所置为大宁监（治今巫溪县）。端拱元年（公元988年），大昌县改属大宁监，巫山隶夔州路。嘉定八年（公元1215年），大昌还复旧县（今大昌镇）。元代废军、监制，改为州县，巫山县直隶夔州路。元至元二十年（公元1283年），升大宁监为州，大昌县并入大宁州，直属夔州路。明代改路为府，省州改县，巫山隶属夔州府。明洪武十三年（公元1380年），大昌县自大宁县析出复置，后因民少，废大昌县。明永乐初年，复置大昌县，隶夔州府。清康熙九年（公元1670年），大昌县并入巫山县。

民国二年（1913年），巫山县属川东道。民国二十四年（1935年），隶属万县专员公署，治中和镇。

1949年10月1日，中华人民共和国成立。12月巫山解放，成立巫山县人民政府，后隶属川东行署区万县专区。1968年改万县专区为万县地区行署，1992年改为万县市，巫山皆属之。1997年，原属四川省的重庆市、万县地区、涪陵地区和黔江地区合在一起设为重庆直辖市，巫山县划归重庆直辖市。

（三）文物资源

根据第三次全国文物普查数据，巫山县境内共登录不可移动文物1121处，包含古遗址91处、古墓葬811处、古建筑160处、石窟寺及石刻38处、近现代重要史迹及代表性建筑21处。在保护级别方面，现有全国重点文物保护单位2处、重庆市文物保护单位8处、巫山县文物保护单位83处。根据重庆市三峡库区历史文化遗产资源调查数据，巫山县国有文物收藏机构保管的可移动文物总数为28290件/套。

二、既往考古工作简述

早在1925年11月至1926年4月，美国自然史博物馆中亚探险队N. C. Nelson（纳尔逊）等人在长江三峡地区考察时，就发现了大溪、下马滩、培石、跳石等遗址，并推定其时代属于史前时期；20世纪30年代，美国传教士J. H. Edgar（埃德加）也曾在巫山县城附近采集到打制石器。这一时期的考古工作缺乏系统组织，工作方法也不尽科学，只能算是巫山县境考古工作的萌芽。新中国成立后，四川博物馆于1957年组织的川东调查组对巫山长江两岸及主要支流进行了调查，应当算作是巫山县境内科学考古工作的起点。自此以后，围绕三峡工程建设开展的相关考古工作始终是巫山县境内文物保护事业的核心，开启了巫山县文物保护与考古工作的新局面。除三峡工程文物保护外，进入21世纪以来，随着文物保护工作力度加大，配合基本建设开展的考古工作大幅增多，及时抢救发掘了一大批珍贵遗存；以学术科研为目的的主动性考古从无到有，在旧石器考古方面取得了丰硕成果。

（一）三峡工程文物保护考古工作

以1997年为界，三峡工程文物保护考古工作总体上可以划分为前、后两个时期。前一时期（1957—1997年）的考古工作基本以三峡工程保护规划的专项调查与试掘工作为主；后一时期（1997—2007年）主要为配合三峡工程建设的大规模考古发掘，是巫山境内考古工作的高速发展期，其考古发掘数量、考古发掘面积、参与工作的机构数量、考古工作成果都是前所未有的。

1957年3月，四川博物馆川东调查小组在巫山境内发现了大昌镇大昌坝、大溪乡兰溪沟、南陵乡耳室窝、龙王台南齐坝等4处遗址，其中最为重要的是大昌坝遗址①，即在后期考古发现中确认的西周中晚期巴人区域中心聚落——双堰塘遗址。1958年10月，为配合三峡水库工程建设，四川博物馆、重庆市博物馆、四川大学历史系组成了长江三峡水库文物调查队，调查和复

---

① 四川省博物馆：《川东长江沿岸新石器时代遗址调查简报》，《考古》1959年第8期。

查了大昌西坝（即前次调查的大昌坝遗址，分成了双堰塘和林家码头两个部分）、大溪、宝子滩、安坪、江东嘴、跳石、培石等多处古遗址，其中大溪遗址的发现为今后该遗址的多次系统性考古发掘奠定了坚实的基础。① 1959年7—8月和11—12月，四川大学历史系在大溪遗址开展了两次考古发掘，共清理了74座墓葬，葬式较为特别，出土了大量陶、石、玉、骨、蚌质遗物，这是巫山境内甚至川东地区首次考古发掘，揭开了大溪文化的神秘面纱。② 1975年10月—1976年1月，四川省博物馆、万县市文化馆、巫山县文化馆对大溪遗址进行了第三次考古发掘，清理大溪文化墓葬133座，并较为系统地公布了考古发掘资料。③

1984—1988年，中国科学院古脊椎动物与古人类研究所、四川省重庆市自然博物馆、万县地区博物馆、巫山县文物管理所组建科学考察队，在龙骨坡等遗址进行了系统的野外考察和发掘，发现了1块人属下颌骨和1枚上门齿，被定名为直立人巫山亚种。此外，还发现了120余种哺乳动物化石、有规律埋藏的动物肢骨化石、石制品。遗址地层的古地磁年代距今201—204万年。④ 关于巫山人下颌骨是否属于人类门齿，是否属于早期人类，石制品性质等问题，古人类学界尚有讨论，但不可否认的是，这一发现为寻找三峡地区远古人类的足迹提供了极具价值的线索和依据。⑤

1986—1988年，巫山县开展了首次文物普查工作，基本摸清了县境内文物资源状况。1987年，中国社会科学院考古研究所四川队重点复查和调查了15处遗址，新发现龙溪镇刘家坝等遗址。1992年，四川省文物考古研究所对巫山三峡库区进行普查，共调查39处地下文物，其中遗址34处（新发现21

---

① 四川省博物馆：《四川省长江三峡水库考古调查简报》，《考古》1959年第8期。
② 四川长江流域保护委员会文物考古队：《四川巫山大溪新石器时代遗址发掘记略》，《文物》1961年第11期。林向：《大溪文化与巫山大溪遗址》，收录于《中国考古学第二次年会论文集》，文物出版社，1982年。
③ 四川省博物馆：《巫山大溪遗址第三次发掘》，《考古学报》1981年第4期。
④ 黄万波、方其仁等：《巫山遗址》，海洋出版社，1991年。
⑤ 邹后曦：《重庆考古60年》，《四川文物》2009年第6期。

处），墓地 5 处（新发现 1 处），并对刘家坝遗址进行了试掘。1993 年，四川省文物考古研究所对双堰塘遗址开展了试掘。1994 年 3—5 月，中国社会科学院考古研究所长江三峡工作队对巫山三峡库区进行了系统的考古专项调查，复查文物点 88 处，勘探 30 万平方米，试掘 16 个地点。首次在大宁河流域发现了大溪文化遗存，同时发现了一批属于新石器时代晚期及末期的遗存，并将其命名为魏家梁子遗存或魏家梁子文化，[①] 确认大昌盆地是重要的商周时期区域中心聚落。在此基础上，1995 年 10 月，编制完成了《巫山县文物古迹保护规划报告》，为巫山县三峡工程文物保护工作科学、有序、高效地进行提供了重要基础。

1997 年，随着三峡工程建设的正式启动，巫山境内的考古工作迎来了前所未有的机遇。1997 年起，巫山境内共有 96 处文物点被列入保护规划，发掘面积约 18 万平方米，从旧石器时代至明清时期均有重要的考古发现。因考古发掘文物点较多，多数文物点包含多个时期遗存，且不少文物点经过多年度发掘，以下按照遗存时代及文化属性进行简要介绍。

旧石器时代遗址主要有江东嘴石器点、下安坪石器点、中安坪石器点、上安坪石器点等，从文化面貌上看属于旧石器时代晚期，石器的材质是河滩砾石，石器的个体较大，属南方砾石工业。

新石器时代遗址经正式发掘的有大溪遗址[②]、人民医院遗址[③]、锁龙遗址[④]、江东嘴遗址、培石遗址[⑤]、欧家老屋遗址、琵琶洲遗址[⑥]、魏家梁子

[①] 中国社会科学院考古研究所长江三峡工作队：《四川巫山县魏家梁子遗址的发掘》，《考古》1996 年第 8 期。

[②] 重庆市文物考古所、重庆市文物局、巫山县文物管理所：《巫山大溪遗址勘探发掘简报》，收录于《重庆库区考古报告集·2000 卷（上）》，科学出版社，2007 年。

[③] 雷兴军、裴健：《重庆巫山古城遗址人民医院工地有新发现》，《中国文物报》2004 年 7 月 16 日第 1 版。

[④] 成都市文物考古工作队、巫山县文物管理所：《巫山锁龙遗址发掘简报》，收录于《重庆库区考古报告集·1997 卷》，科学出版社，2001 年。

[⑤] 南京博物院考古研究所、巫山县文物管理所：《巫山培石遗址第一次发掘报告》，收录于《重庆库区考古报告集·1999 卷》，科学出版社，2006 年。

[⑥] 中国社会科学院考古研究所三峡工作队：《巫山琵琶洲遗址发掘报告》，收录于《重庆库区考古报告集·1998 卷》，科学出版社，2003 年。

巫山县大溪遗址发掘区（局部）

遗址、下沱遗址、跳石遗址[①]、刘家坝遗址等。从文化面貌上看，巫山境内的新石器考古学文化主要属于大溪文化，以大溪遗址、欧家老屋遗址和人民医院遗址为代表。2000年至2004年，重庆市文物考古所对大溪遗址进行了大规模考古发掘，发现大溪文化墓葬200余座，灰坑900余座，出土了一大批陶器、骨器和玉石器等，发现了大溪文化早期阶段的遗存，基本弄清了大溪文化墓葬葬式演变规律；2003年，武汉市文物考古研究所对人民医院遗址进行考古发掘，发掘面积2400平方米，发现大溪文化墓葬129座，灰坑51座，出土文物1100多件，其中黑色玄武岩圆雕石人、石龟展现出大溪文化先民高超的制造工艺和审美情趣。综合来看，巫山境内的大溪文化在文化面貌上与典型的大溪文化区别不大，仅在生业模式上有所差别，前者主要以渔猎经济为主，仅有少量的农业经济，而在大溪文化的中心分布区是以农业经济为主，

---

① 南京博物院考古研究所，巫山县文物管理所：《巫山跳石遗址发掘报告》，收录于《重庆库区考古报告集·1997卷》，科学出版社，2001年。

渔猎经济为辅；到了大溪文化晚期阶段，玉溪上层文化进入这一区域，在大溪遗址发现了多组二者共存的层位关系；稍后，玉溪坪文化及更晚的中坝文化占据了这一地区，屈家岭文化和石家河文化因素基本不见和少见于该区域，主要以锁龙遗址、跳石遗址为代表。1997年、1998年成都市文物考古工作队对锁龙遗址进行了两次考古发掘，发掘面积2000平方米，发现了一批龙山时代的遗存，与玉溪坪文化和中坝文化的文化面貌较为接近，也有少量自身特点，为研究巫山境内这一时期的考古学文化提供了重要的实物资料。

经正式发掘的商周时期遗址较多，东周以前的遗址主要有宝子滩遗址、独树子遗址、关上遗址、大滂遗址、孝子溪遗址、巴雾遗址、上安坪遗址、冬瓜包遗址、双堰塘遗址[①]、窑坪遗址等，其中最为重要的当属双堰塘遗址。1997年起，中国社会科学院考古研究所长江三峡工作队、巫山县文物管理所开始对该遗址进行多年度大面积考古发掘，累计发掘面积近30000平方米，取得了非常重要的考古成果。出土了西周时期的陶窑、墓葬（含非正式埋葬的儿童墓葬）、卜甲、石磬、石范、铜工具、铜渣、铜矿石、小玉饰等反映出该遗址具有较高的等级，有学者推测其可能为西周晚期夔子国巴人聚落或城邑甚至都城，是名副其实的"巴墟"。属于春秋至战国初期的遗址有唤香坪遗址、涂家坝遗址、蓝家寨遗址、上阳村遗址等，其中最为重要的当属涂家坝遗址[②]、蓝家寨遗址[③]。1999年、2000年，重庆市博物馆、湖南省益阳市文物考古队对蓝家寨遗址进行了较大规模的发掘，发现了一批以楚文化因素为主的遗存。属于战国时期的有中安坪遗址、高唐观墓地、江东嘴墓群[④]、下湾遗址、塔坪遗址、玉皇阁墓地等，在文化面貌上基本属于

---

① 中国社会科学院考古研究所长江三峡考古队、巫山县文物管理所：《巫山双堰塘遗址发掘报告》，收录于《重庆库区考古报告集·1997卷》，科学出版社，2001年。
② 中山大学人类学系、重庆市文物局、巫山县文物管理所：《巫山涂家坝遗址发掘报告》，收录于《重庆库区考古报告集·2000卷（上）》，科学出版社，2007年。
③ 重庆市博物馆、湖南益阳市文物工作队、重庆巫山县文物管理所：《巫山蓝家寨遗址发掘报告》，收录于《重庆库区考古报告集·1998卷》，科学出版社，2003年。
④ 中国文物研究所、重庆市文物局、宜昌博物馆、巫山县文物管理所：《巫山江东嘴墓群发掘报告》，收录于《重庆库区考古报告集·2000卷（上）》，科学出版社，2007年。

巫山县土城坡墓地发掘区远景

楚文化，巴文化因素较少。

汉晋时期的遗存非常丰富，主要以墓葬为主。比较重要的有土城坡墓地①、瓦岗槽墓地②、麦沱墓地③、江东嘴墓群④等。这一地区发现的重要墓地，均环绕分布在同为汉晋时期的巫山古城遗址附近。土城坡墓地发掘了秦汉至南朝墓葬 269 座，以西汉土坑墓为主，出土各类文物 4590 余件（套），是三峡库区已发现墓葬数量、类型及出土遗物最多的重要墓地。麦沱墓地墓葬分布有规律，类型多样，出土鎏金铜棺饰等大量精美遗物。瓦岗槽墓地两汉墓葬序列清楚，西汉初期墓随葬楚文化仿铜礼器，王莽时期墓葬处于土坑墓向砖室墓过渡形态，东汉六朝流行土洞墓、多家族合葬墓，具有区域文化

---

① 武汉市文物考古研究所等：《重庆巫山土城坡墓地Ⅲ区东汉墓葬发掘报告》，《江汉考古》2008 年第 1 期；武汉市文物考古研究所等：《重庆巫山土城坡墓地 2006 年度发掘简报》，《四川文物》2008 年第 3 期。
② 南京博物院考古研究所、巫山县文物管理所：《巫山瓦岗槽汉代墓地发掘报告》，收录于《重庆库区考古报告集·1997 卷》，科学出版社，2001 年。
③ 湖南省文物考古研究所、巫山县文物管理所：《巫山麦沱汉墓群发掘报告》，收录于《重庆库区考古报告集·1997 卷》，科学出版社，2001 年。
④ 中国文物研究所、重庆市文物局、宜昌博物馆、巫山县文物管理所：《巫山江东嘴墓群发掘报告》，收录于《重庆库区考古报告集·2000 卷（上）》，科学出版社，2007 年。

特点。江东嘴墓群可以划分为若干墓葬区,发现了典型的西晋时期三代五人家族合葬墓。类似的墓地还有高唐观、下西坪、胡家包、水田湾墓地等十余处。大宁河流域双堰塘汉晋墓地墓葬规划有序,出土遗物丰富,是反映汉晋家族墓地的典型材料。

唐宋明清时期,这一地区最重要的发现为城址,其中以巫山古城①和大昌古城②最为重要。巫山古城的考古发掘成果展现了巫山古县城布局的变迁,揭示了三峡地区城市发展历史,并通过城市这一载体阐述了多个时期政治、经济、社会形态的演变轨迹。考古发现巫山县城墙始筑于汉代,突破了巫山古城的始建年代为魏晋时期的史料记载。此外,巫山古城还发现了一批墓葬,时代上涵盖了东汉、宋元明时期。宋墓中出土的一组串珠非常珍贵,其长方形排饰上有微雕文字,是研究这一时期雕刻工艺的重要实物资料。大昌古城遗址的勘探、发掘,比较全面地复原了明清大昌城的基本格局和生产生活场景,为大昌古镇的搬迁保护提供了重要依据,对于四川盆地明清时期城址研究具有重要参考价值。

(二)配合基本建设考古工作

进入21世纪,巫山县境内配合基本建设的考古工作大幅增加。2005年,重庆市文物考古所对庙宇镇元代壁画墓进行抢救性考古发掘③,发现1座重庆境内非常罕见的双室并穴合葬壁画墓,两个墓室墓壁及券顶内壁采用红黑两种颜料绘制出壁画。东室除男女侍从外,主要为花鸟等题材;西室则以文人雅士活动为主题,其中东壁绘有鉴赏图、教授图和居室图,西壁绘有听琴图、对弈图和画案图,北壁绘祠堂牌位图。两室顶部均绘祥云纹。该墓葬的发现为探讨元代墓葬制度及服饰家居等提供了重要的实物资料。

---

① 中国社会科学院考古研究所长江三峡工作队、巫山县文物管理所:《巫山古城遗址的勘探与发掘》,收录于《重庆库区考古报告集·1997卷》,科学出版社,2001年。
② 中山大学人类学系、重庆市文物局等:《巫山大昌古城遗址发掘报告》,收录于《重庆库区考古报告集·2000卷(上)》,科学出版社,2007年。
③ 张光敏:《截取巫山元墓壁画》,《重庆历史与文化》2006年1期。

2010年，重庆市文物考古所对巫山古城遗址进行考古发掘，发掘区分老年大学和师范学院两处地点，共清理墓葬5座，灰坑2座，出土文物54件（套），另有大量的筒瓦等建筑残构件出土。以M1最为重要。该墓为带斜坡墓道的长方形竖穴土坑墓，整座墓葬平面呈"凸"字形，由斜坡墓道、甬道和墓室组成。墓道平面呈长方形，长1.7米、宽0.8～1米、深0～0.7米。甬道呈长方形，直壁平底，且其底部的北、东、西三面均留有生土二层台，甬道长1.7米、宽1.3～1.5米、深0.8米。墓室呈长方形，直壁，壁面可见加工痕迹，以不规则的石板铺地，长3.6米、宽2.7～2.8米、深0.6～2.2米。墓葬保存较好，器物组合完整，出土了"大泉五十""货泉"及"五铢"等铜钱，时代不早于新莽时期。

2013年，重庆市文化遗产研究院对陈家包墓地进行考古发掘，共清理古墓葬34座，包括砖室墓7座、土洞墓4座、土坑墓23座，出土铁釜、铜镞、琉璃耳珰、以及陶灶、仓、鼎、敦、壶、盒等各类珍贵文物260余件（套），时代从战国晚期延续到东晋时期，其中"永和九年"纪年墓的发现对于三峡地区六朝墓葬的分期研究具有重要的参考价值。2015年，重庆市文化遗产研究院对周家坪柳树村墓地进行发掘，发现六朝砖室墓1座，由墓道、甬道、前室和后室四部分组成，平面呈"凸"字形，顶部拱券。甬道及墓室以条形砖、楔形子母砖砌筑，底部平砖顺铺，砖下垫细砂，厚约10～14厘米。墓葬长度超过9米，内部最宽处2.96米，后室拱顶高2.76米。出土了大量珍贵文物，包括金戒指、金镯、金锈球、金狮子饰、金珠等贵重首饰及数量丰富的陶俑。2015年8—12月，重庆市文化遗产研究院对黄膏泥墓地进行考古发掘，共发掘土（岩）坑墓葬7座，出土遗物及标本共计近百件（套）。墓葬时代均为西汉时期，从形制上可分为长方形和带斜坡墓道的"凸"字形两种。长方形土（岩）坑墓均为竖穴宽坑墓，出土遗物以小型灰陶罐、灶、钵、釜、甑等陶质明器为主，另有少量铜鼎、铜鋞、铜釜、铜镜、铜泡钉、铁剑等金属器。"凸"字形土坑墓普遍规模较大，被盗严重，出土少量灰陶甑、罐、灶、板

瓦等陶质明器以及铁锸等金属器。

（三）主动性考古工作

主要围绕旧石器时代考古工作进行，先后在巫山龙骨坡、巫山玉米洞等地点开展了考古发掘与试掘，也取得了丰硕的成果，其中以巫山玉米洞遗址的考古发现最为重要。[①] 巫山玉米洞遗址是三峡地区继龙骨坡遗址之后旧石器考古的又一重大新发现。该遗址规模较大，洞穴堆积分布面积超过1000平方米；时代连续，涵盖旧石器时代早期、中期、晚期等时期的遗存；内涵丰富，包含工具修理、食物加工、休憩、娱乐等多方面遗存信息，属于长期反复利用的中心居址营地。地层堆积厚且分层明显，各层均有文化遗物出土。初步测年和研究结果显示该遗址的时代为距今0.8万年至40万年。玉米洞遗址石制品以石灰岩为主要原料，种类单一且就地取材，石器类型主要有刮削器、尖状器、砍砸器、凹缺器、手镐、锥钻等。该遗址连续的地层堆积代表了古人类完整的演化序列，对研究现代人起源、农业起源等具有重要意义；其独特的文化面貌显示出适应环境及资源条件下的区域性独立发展演化，对研究"现代人类演化的区域性多样化模式"及"古人类综合行为模式"等课题具有重要的学术价值。

三、三峡后续考古成果综述

随着三峡后续工作的全面铺开，巫山县境内的考古工作再次迎来新的局面。据统计，在县域内开展的三峡后续考古工作共23项，除配合遗址公园建设开展的高唐观遗址考古发掘外，其余22项均为消落区范围内的抢救性发掘。累计完成考古发掘面积20647平方米，出土各类文物标本近6000件（套）。通过科学的考古工作，发现了丰富的古代遗存，涵盖新石器、商周、汉至六朝、

---

① 重庆中国三峡博物馆：《重庆市巫山县玉米洞旧石器时代遗址发掘简报》，《考古》2018年1期。

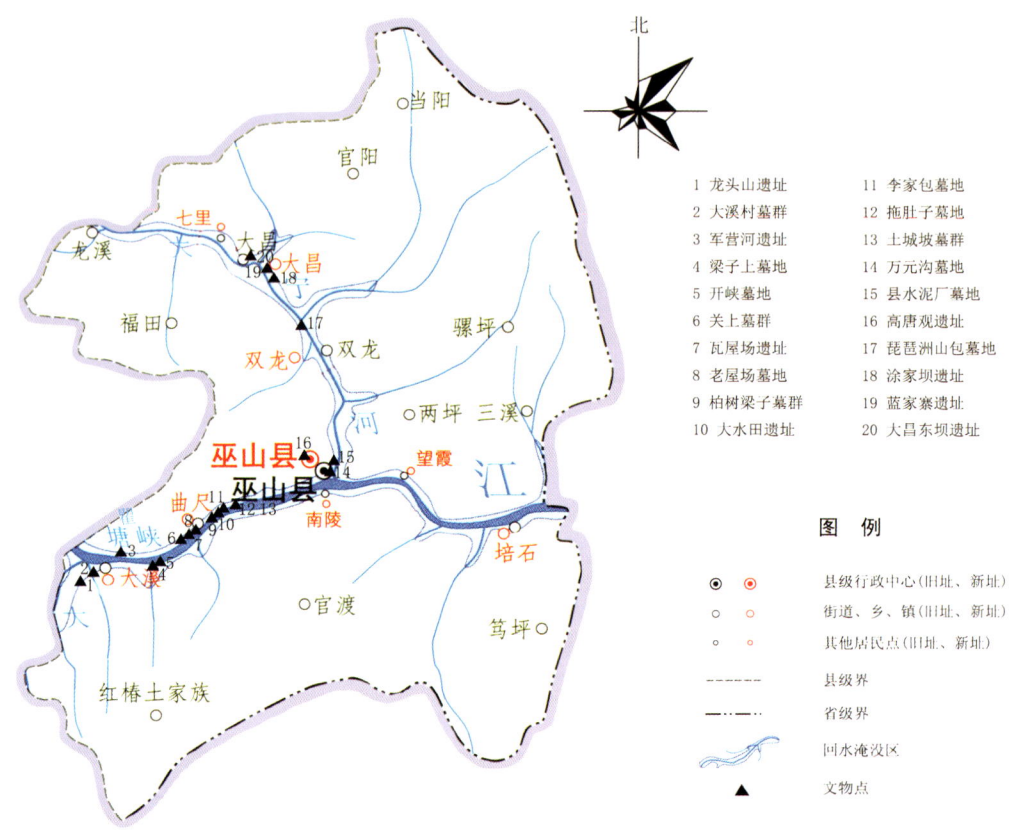

巫山县境内三峡后续考古项目位置示意图

唐宋及明清等多个时期，以汉至六朝为主；遗址类型可分为居址和墓地两类，以墓地占绝大多数，除蓝家寨遗址为居址外，其他均为墓地。

（一）先秦时期遗存

在三峡后续考古工作中，新石器时代遗存共发现两处，均位于巫山县曲尺乡伍佰村3社，分别为大水田遗址[①]和柏树梁子墓群，两个遗址毗邻，早期可能为一个遗址。遗存主体为大溪文化墓葬和灰坑，是重庆境内继大溪遗址之后大溪文化最重要和最集中的考古发现。

---

① 重庆市文化遗产研究院、巫山县文物管理所：《重庆市巫山县大水田遗址大溪文化遗存发掘简报》，《考古》，2017年第1期。

巫山县境内三峡后续考古项目统计表

序号	项目编号	文物遗存	发掘年度	发掘面积（平方米）	备注
1	2011-1001	土城坡墓群	2011	500	三峡结余资金项目
2	2011-1002	拖肚子墓地	2011	200	三峡结余资金项目
3	2011-01	涂家坝遗址	2012	350	三峡后续消落区地下文物保护项目
4	2011-02	蓝家寨遗址	2012	750	三峡后续消落区地下文物保护项目
5	2011-03	大昌东坝遗址	2012	760	三峡后续消落区地下文物保护项目
6	2011-04	军营河遗址	2012	1184	三峡后续消落区地下文物保护项目
7	2013-01	龙头山遗址	2012	443	三峡后续消落区地下文物保护项目
8	2013-02	县水泥厂墓地	2012	600	三峡后续消落区地下文物保护项目
9	2013-03	琵琶洲山包墓地	2012	100	三峡后续消落区地下文物保护项目
10	2013-16	开峡墓地	2013	380	三峡后续消落区地下文物保护项目
11	2013-17	万元沟墓地	2013	700	三峡后续消落区地下文物保护项目
12	2014-01	大水田遗址	2014	1300	三峡后续消落区地下文物保护项目
13	2014增1	军营河遗址	2013	300	三峡后续消落区地下文物保护项目
14	2014增2	柏树梁子墓群	2013	1000	三峡后续消落区地下文物保护项目
15	2016-01	大水田遗址	2016	1000	三峡后续消落区地下文物保护项目
16	2016-02	老屋场墓地	2015	835	三峡后续消落区地下文物保护项目

序号	项目编号	文物遗存	发掘年度	发掘面积（平方米）	备注
17	2016-20	大溪村墓群	2013	2050	三峡后续消落区地下文物保护项目
18	2016-21	梁子上墓地	2013	870	三峡后续消落区地下文物保护项目
19	2016-22	开峡墓地	2017	500	三峡后续消落区地下文物保护项目
20	2017-01	李家包墓地	2016	1000	三峡后续消落区地下文物保护项目
21	2017-03	瓦屋场遗址	2018	700	三峡后续消落区地下文物保护项目
22	2017-04	关上墓群	2018	925	三峡后续消落区地下文物保护项目
23	——	高唐观遗址	2015	4200	三峡后续大遗址保护项目
合计				20647	

大水田遗址发现的大溪文化遗存涵盖了大溪文化的第一至四期，以第二期、第三期为主，第一期和第四期发现较少。遗迹类型以墓葬和灰坑为主，另有零星房址和沟。共发现大溪文化墓葬230座，均为竖穴土坑墓，平面形状有椭圆形、圆形和圆角长方形等；可进一步划分为单人葬和多人合葬，合葬墓中以双人合葬居多，另有三人合葬墓、五人合葬墓和七人合葬墓各1座；葬式有仰身直肢葬、仰身屈肢葬、侧身屈肢葬和俯身屈肢葬等，以仰身屈肢葬居多。屈肢葬有跪屈葬和蹲屈葬两类，以跪屈葬为多。在合葬墓中，发现有人骨叠葬现象，其中既有成人之间的叠葬，也有小孩叠葬于成人胸腹部。另发现3座瓮棺葬、3座陶钵覆面墓葬和2座人骨下方铺垫成层鱼骨的墓葬。灰坑共发现319座，平面形状有圆形、椭圆形和不规则形等，多数为处理生活废弃物的垃圾坑，也有少量可能与祭祀或者原始宗教仪式密切相关的遗存，

如鱼骨坑（基本为鱼头骨，不见椎骨）、动物坑（埋葬整只狗，位于墓葬人骨脚端）、毁器坑（坑底铺满破碎陶片并经火焚烧，陶片多可拼合，可能为毁器；另发现大量黍）、器物坑（坑底摆放完整器物）等。除了大溪文化遗存，还发现了少量玉溪上层文化陶片与大溪文化第四期遗存共存。柏树梁子墓群发现的大溪文化遗存属于第二期和第三期，遗迹类型可分为墓葬和灰坑。墓葬共发现 10 座，平面形状可分为圆形、长方形和不规则形，葬式可分为屈肢葬和直肢葬，除 1 座为多人合葬外，均为单人葬，随葬器物丰富，以石制品为主，此外有少量的陶器、骨器及装饰品。

商周阶段遗存的发现较为零星。在大水田遗址清理发现 1 座三星堆文化墓葬，在近年三峡地区考古工作中具有很强的代表性。蓝家寨遗址为一处居址类遗存，文化面貌呈现出巴、楚文化共存的特点，在编号为 H1 的东周时期灰坑中，出土了共计 11 目 15 科 22 种的小动物骨骼，对于了解这一区域的生态环境、生业模式等有着重要作用。

（二）战国至南朝墓葬遗存

自战国中晚期，墓葬成为峡江地区各历史时期最为常见和最具代表性的遗存。战国中晚期墓葬主要见于高唐观遗址、大水田遗址、柏树梁子墓群、万元沟墓地等，在文化面貌上，普遍存在巴、楚文化因素共存现象，体现出这一时期两支文化的碰撞、交流与融合。

西汉至南朝时期墓葬数量非常丰富，具体涵盖了西汉、新莽、东汉、东晋等几个时期。墓葬形制多样，有土坑墓、砖室墓、石室墓、土洞砖室墓、崖墓等，对于研究这一时期家族墓地的选址与布局等历史文化信息具有重要价值。万元沟墓地发现了 3 座西汉晚期至东汉的土坑墓，形制相同，排列有序，可能为一处小型家族墓地；大昌东坝遗址发现了 1 座新莽时期墓葬，为竖穴土坑墓，墓底铺石板，反映出西汉土坑墓向东汉砖室（石室）墓过渡；老屋场墓地出土了金桃形叶、玛瑙、滑石猪等重要遗物，特别是金桃形叶可能是流行于北方少数民族的金步摇构件，对于研究其时古人迁徙或是文化交流具有重要作用。不少墓地出现了两座墓葬成组的对墓，墓葬形制及方向一致，平行紧邻排列，应该是异穴合葬葬俗的体现，在开峡墓地、老屋场墓地、李家包墓地等均有发现。大溪村墓地、龙头山墓地、水泥厂墓地出土了鎏金铜棺饰，有龙形、西王母、胡人等形象，进一步丰富了这一区域鎏金铜棺饰的考古发现。在军营河遗址还发现了1座制作建筑用瓦的六朝时期窑址，为探讨这一时期瓦窑形制、装烧工艺、生产规模等提供了重要的实物资料。

（三）唐至明清遗存

唐宋及明清遗存除了在蓝家寨遗址发现的1座房址外，其余均为墓葬，在大水田遗址、老屋场遗址、涂家坝遗址、军营河遗址、瓦屋场遗址均有发现。老屋场遗址发现了1座唐代早期的长方形砖室墓，出土有白釉饼足瓷碗、开元通宝铜钱等，在三峡地区的唐墓中具有典型性。大水田遗址发现了宋代的土坑墓和砖室墓，出土了铜镜、白釉瓷碗等遗物。在大水田遗址、老屋场墓地、李家包墓地还发现了宋代利用汉至六朝时期的石室墓、砖室墓的"借室埋葬"现象。老屋场墓地出土的盛有人肢骨的陶屋形棺非常罕见，可能为祆教的丧葬器物纳骨器。在涂家坝遗址、蓝家寨遗址、军营河遗址、大水田遗址均发现了明代墓葬，以砖室墓为主，也有少量土坑墓。在涂家坝遗址清理1座明代六室砖室墓，并发现了朱书买地券，对于研究这一地区明代丧葬习俗有着重要参考价值。高唐观遗址发现了明清时期的寺观建筑基址（包括后殿、建筑台基、前殿基址、步道、西厢房基址和水池等）、墓葬等遗存，从墓葬出土的香炉底部有墨书"廟"字，推测可能为僧人墓。这一发现对认识同时期僧人墓葬的选址、布局及丧葬行为具有重要的参考价值，寺观建筑基址格局清晰，占地面积超过3000平方米，是复原明清时期寺观格局的重要实物基础。

四、三峡后续代表性考古发现

（一）大水田遗址

大水田遗址位于巫山县曲尺乡伍柏村3社大水田，地处著名的大溪文化遗址大溪遗址和人民医院遗址之间，与柏树梁子墓群毗邻。遗址分布在长江左岸的缓坡台地上，东面紧邻长江。2014年3月至9月、2016年3月至7月，重庆市文化遗产研究院对大水田遗址进行了两个年度的考古发掘，发掘面积共计2300平方米，发现大溪文化、玉溪上层文化、三星堆文化，以及战国中晚期至西汉早期、东汉晚期至六朝、宋代、明代等多个时期的遗存，出土陶、石、玉、银、铜、铁、骨质遗物2200余件（套），以大溪文化遗存为主体。

大溪文化遗存基本涵盖了大溪文化第一至第四期，以第二至第四期为主，遗迹以灰坑和墓葬为主，另发现少量灰沟和1座房址。灰坑共发现319座，可分为垃圾坑、鱼骨坑、狗坑、毁器坑、器物坑等几种类型，部分灰坑底部

大水田遗址2014年度发掘区（全景）

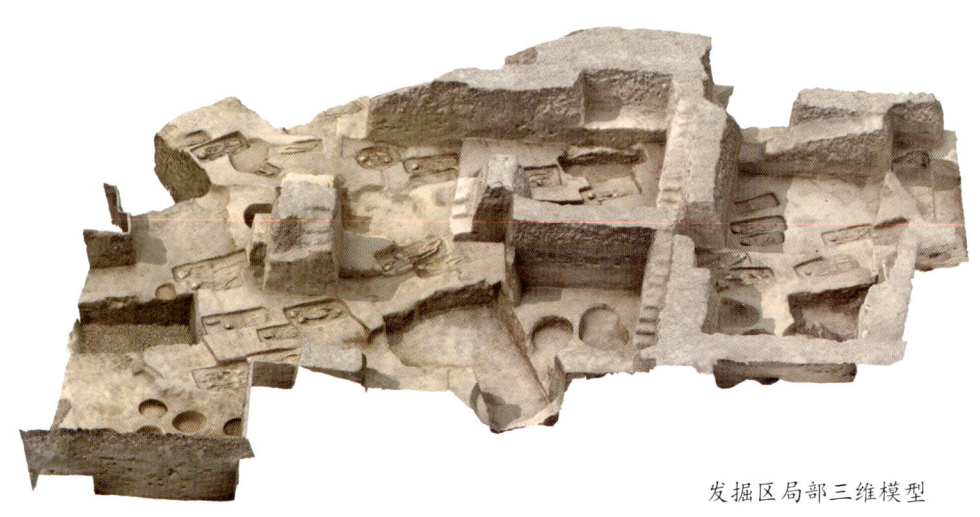

发掘区局部三维模型

有用火烧烤的痕迹。处于墓葬区的鱼骨坑、狗坑和器物坑的发现，为探讨大溪文化先民对死者的祭奠活动提供了重要线索。墓葬共发现230座，多数属于大溪文化第二期，也有少量第一期和第三期墓葬发现，均为竖穴土坑墓，墓葬形制较小，仅可容身，葬式和葬制较为丰富，其中瓮棺葬、陶钵覆面葬、人骨叠肢葬为三峡地区大溪文化少见或不见，墓底和部分人骨有被火焚烧的现象更是为研究这类现象背后蕴含的原始宗教或祭祀仪式等方面的内容提供了重要的实物资料。

侧身屈肢葬（大溪文化，战国）

仰身屈肢葬（大溪文化，战国）

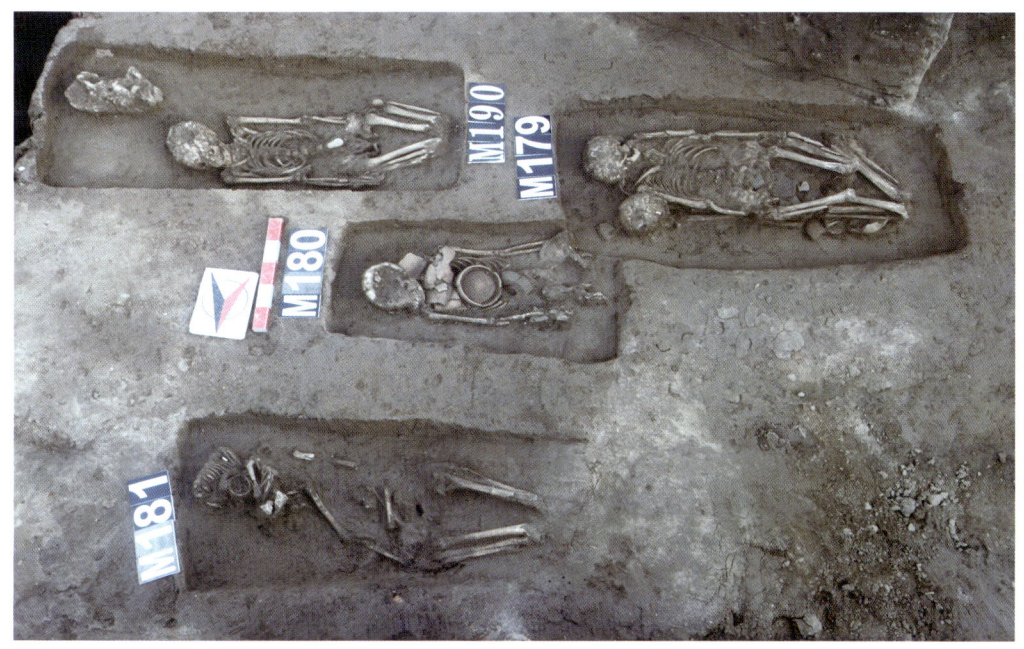

发掘区（局部）

出土遗物非常丰富，陶器主要有圈足碗、圈足盘、釜、罐、鼎、杯、支座、器座、纺轮、球、铃等；石（玉）器种类众多、数量丰富。从石（玉）器本身划分，涵盖了石（玉）器加工、使用、废弃和废弃后再利用各个阶段。从功用类型划分，可分为工具和装饰品两大类。工具类主要有斧、锛、凿、铲、镞、刀、球等，以斧、锛、凿为多；装饰品主要有人形雕像、人面雕像、猪、穿山甲、璧、璜、环形饰、纽扣形饰、车轮形饰、坠饰等。此外，石器还可以划分为实用器和非实用器，本次发现的石器绝大多数为实用器，穿孔石斧、大型石斧、矛、精美雕像等应为非实用器，可能具备礼器（祭器）的性质。骨器主要有锥、簪、凿、镞、钻、璧、镯等。其中，M188出土的一组6件骨簪应为非实用器，制作精美，其表面排列具有一定规律的点状刻划，可能与原始记事、计数有着一定关系。此外，在大溪文化人骨、植物标本和动物骨骼等方面的研究也取得了重要进展。通过对大溪文化人骨进行全面系统的现场鉴定和分析，发现了4例足骨跪距面（右足骨第一跖骨），为我国目前发现年代最早的同类

侧身屈肢葬（大溪文化）

人骨焚烧葬（大溪文化）

双人合葬墓（大溪文化）

墓葬出土玉璜（大溪文化）

人骨样本。为探讨古代跪坐习俗的源头和大溪文化屈肢葬的形成原因提供了重要参考；发现了龋齿、齿槽脓肿、腰椎骨的骨折、长骨的骨折、骨性关节炎、颅骨顶骨的多孔性骨肥大和颅骨额骨眶板的筛状样变等病理现象，对于探讨大溪文化先民的生产、生活方式及健康卫生状况具有重要意义。通过对浮选样品的初步分析，发现了黍、粟、南酸枣、葡萄属、酢浆草、藜科等炭化植物种子，特别是黍、粟（发现有未成熟炭化种子，表明应为本地种植而非交换所获）是三峡地区目前发现时代最早的旱作农业遗存，表明在大溪文化早期台地旱作农业已成为渔猎采集经济的重要补充，同时也为探讨同一文化下不同生业模式的构成模式提供了重要实物资料。通过对大溪文化动物骨骼的初步分析，大型哺乳动物如牛、猪、狗、水鹿、熊、大熊猫、麂、猴、虎等，小型哺乳动物有小家鼠、褐家鼠等，以及草鱼、鳡鱼、青鱼、鲫鱼等鱼类，

人骨叠肢葬（大溪文化）

狗坑（大溪文化）

鱼骨坑（大溪文化）

土坑墓（战国）

土坑墓局部（战国）

为了解当时的生业模式和自然环境提供了重要参考。

玉溪上层文化遗存的发现较少，与大溪文化晚期遗物共存，主要遗物为陶卷沿罐，是判断玉溪上层文化的相对年代和探讨玉溪上层文化与大溪文化互动的重要实物资料。

三星堆文化渝东类型仅发现1座墓葬，形制为竖穴土坑，平面近椭圆形，仰身屈肢葬，下肢略弯曲。在盆骨和腹腔部分发现小平底罐2件、圜底罐1件。三星堆文化墓葬的发现对于三星堆文化在峡江地区的扩张等方面的研究有着重要意义。

战国至西汉墓葬共发现49座，均为竖穴土坑墓，在朝向上有顺江和垂江两类，多有熟土二层台，部分墓葬有头龛和足龛。男性墓葬多随葬铜兵器（矛、剑、戈等）和铜带钩，女性墓葬多随葬铜环、铜篦等；陶器主要为鬲、盆、豆、罐，盆、豆、罐，罐、壶等组合。少量墓葬存在殉人的现象。从墓葬形制和出土随葬品分析，这批墓葬以楚文化墓葬为主，也有少量巴文化墓葬。

东汉晚期至六朝墓葬共发现7座，均为竖穴土圹砖、石混筑墓，平面呈刀形，由墓道、甬道、墓室等几部分构成。葬式基本为单人仰身直肢葬。随葬品多为青瓷，器类有碗、罐、灶等。

宋代墓葬共发现12座，均为竖穴土坑墓，墓向垂江，单人仰身直肢葬，从出土的铁质棺钉分析，葬

土坑墓局部（战国）

土坑墓（战国）

土坑墓（战国）

土坑墓（宋代）

土坑墓（宋代）

具应为木棺。随葬品有银钗、银耳环、铜簪、铜钗、铜耳环、铜镜、瓷碗、瓷灯、瓷盏以及钱币等。此外，还发现了宋代在东汉晚期至六朝墓葬内"借室埋葬"现象，为研究这一地区唐宋时期及以后阶段利用汉至六朝时期砖（石）室"腾室换主"的丧葬习俗提供了重要参考。

（二）柏树梁子墓群

柏树梁子墓群位于巫山县曲尺乡伍柏村3社柏树梁子，地处长江左岸缓坡台地上。2013年4月至7月，重庆市文化遗产研究院、巫山县文物管理所对该墓群进行了考古发掘，发掘面积共计1000平方米，发现新石器时代大溪文化、战国至西汉等时期的遗存。

大溪文化遗迹可分为灰坑、墓葬两类。灰坑共发现10个，主要为垃圾坑，也有少量鱼骨坑。墓葬共发现10座，其中屈肢葬4座、直肢葬2座、多人合葬墓1座、葬式不明墓3座。多人合葬墓出土2具完整人骨架和4个散乱头骨，

仰身屈肢葬墓（大溪文化）

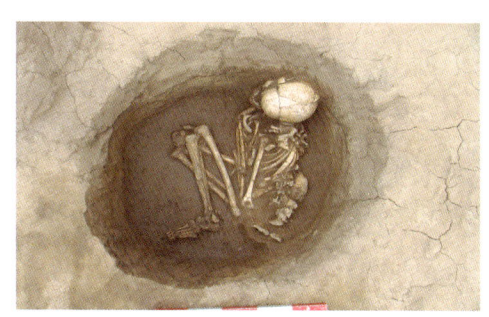
侧身屈肢葬墓（大溪文化）

柏树梁子墓群远景

其中1具完整人骨的头骨下有石枕。该墓随葬品数量较多，出土有石斧、石锛、石凿、骨锥、骨匕、绿松石坠等共34件随葬品，另出土一个完整的狗头骨，位于人下肢骨附近。石枕的发现对于大溪文化丧葬仪式的研究有着重要价值，将狗头骨随葬于人下肢骨附近也是以往大溪文化遗存中较为罕见的考古发现。

战国晚期至西汉时期墓葬共30座，均为竖穴土坑墓，葬式均为单人仰身直肢葬。战国晚期墓葬平面呈窄长方形，出土随葬品以陶器和铜器为主，陶器主要有壶、罐，铜器有铜带钩、铜剑、铜矛、铜戈、铜环、铜镦、铜饰件等，

土坑合葬墓（大溪文化）

土坑墓（战国）

另有少量石玦和铁带钩；西汉时期墓葬呈宽长方形，出土随葬品主要有陶鼎、陶壶和铜环等。

（三）蓝家寨遗址

蓝家寨遗址位于巫山县大昌镇兴胜村一社，1994年由中国社会科学院考古所三峡队调查发现，同年，由该单位进行了首次发掘。1998年

土坑墓（战国）

至1999年，分别由重庆市文物考古所、湖南省益阳市文物工作队等单位对该遗址连续进行了两年（次）发掘。① 2012年，重庆市文化遗产研究院、重庆师范大学对该遗址新出土的遗存进行了抢救性发掘，发掘面积共计750平方米，发现了一批东周、明清时期遗存。

东周时期遗存主要为1座灰坑和2座墓葬，墓葬被盗扰且损毁严重，最为重要的发现是灰坑中的大量动物骨骼。发现的动物骨骼种类总计11目15科22种，以水生动物和哺乳动物较多，鸟类骨骼较少（仅有家鸡1种），有

蓝家寨遗址远景

---

① 重庆市文物考古所、湖南益阳市文物工作队等：《巫山蓝家寨遗址发掘报告》，收录于《重庆库区考古报告集·2000卷》，科学出版社，2007年。

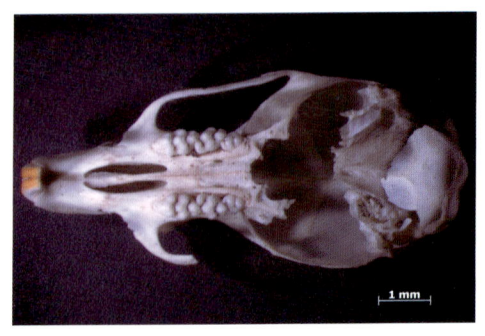

褐家鼠头骨（东周）

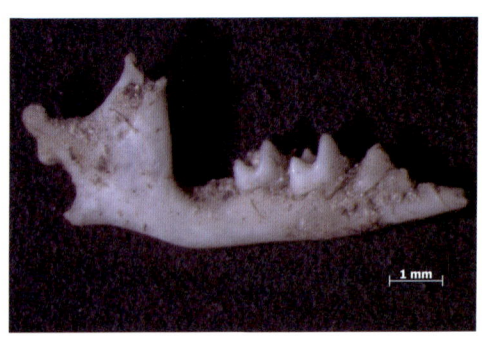

微尾鼩右下颌骨（东周）

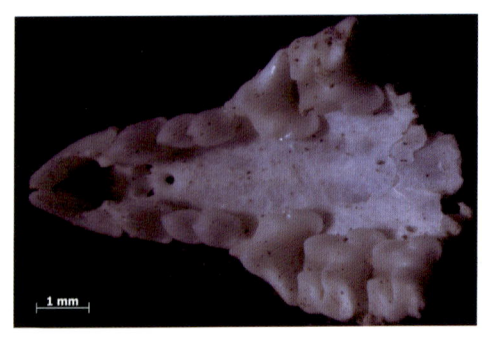

喜马拉雅水麝鼩颅骨（东周）

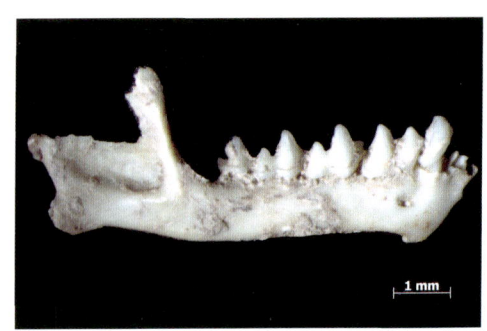

白腹管鼻蝠右下颌骨（东周）

三角鲂、草鱼、鲤鱼、乌鳢、中华鲟、家鸡、喜马拉雅水麝鼩、小臭鼩、微尾鼩、白腹管鼻蝠、白腹巨鼠、小家鼠、褐家鼠、小竹鼠、赤腹松鼠、金丝猴、鼬獾、狗、家马、家猪、家黄牛、家山羊等，为探讨东周时期这一地区的生态环境、生业模式和家禽、家畜的饲养等提供了重要的实物资料。

明清时期遗存主要为房址、灰坑和墓葬。房址1座，平面长方形、石砌墙基；灰坑1座，为简单的垃圾坑；墓葬1座，为竖穴土坑墓，墓壁和墓底均用"三合土"处理，人骨头部枕有用"三合土"做成的长橄榄形头枕。

（四）高唐观遗址

高唐观遗址位于巫山县西北郊的巫峡镇高唐村三组（现巫山新县城西部），地处长江北岸高丘山的秫鹤峰上，三面环山，一面临水，遥对南陵，远眺巫峡。

土坑墓（战国）　　　　　　　　土坑墓（战国）

遗址之上有重要宗教建筑高唐观。高唐观遗址可分为地面建筑区和地下遗址区两部分，现存的地面建筑位于遗址最北部。由于人为损毁及历史自然环境影响，目前高唐观主体建筑仅存后殿，原名玉皇阁，建于清光绪十一年（公元1885年），建筑面积295平方米，坐北朝南，砖木结构，单檐硬山式屋顶，穿斗梁架小青瓦屋面，面阔五间，进深三间，素面台明，檐柱均为方形石柱。左右偏殿、大殿及前殿已被拆除，仅存地下基址。2001年，湖南省考古所先后两次对高唐观遗址南部核心区域进行了抢救性发掘。

高唐观遗址发掘区（全景）

土坑墓头龛（战国）

土坑墓（西汉）

高唐观遗址Ⅱ区发掘区全景

2016年2月至9月，重庆市文化遗产研究院对高唐观遗址进行考古发掘，发掘面积共计4200平方米，共计清理灰坑34个、灰沟4条、池2座、墓葬81座、房址8座，时代涵盖西周、战国、西汉、东汉、南朝、唐宋和明清。其中又以战国、两汉时期墓葬遗存和明清时期宗教遗存最为重要。

战国时期遗存以墓葬为主，均为长宽比较大的竖穴窄土坑墓，共计14座。出土遗物以陶鬲、盆、豆、罐组合以及鼎、敦、壶、豆组合最为典型，另有少量楚式青铜剑、铜镞等兵器，体现了楚文化在这一区域已居于主导地位。

两汉时期遗存包含墓葬 50 座。墓葬形制多样，有竖穴土坑墓、竖穴土坑石板墓、竖穴土坑砖室墓、土洞砖室墓、土洞石室墓，等等，基本反映了从西汉至东汉墓葬形制的演变规律。其中，土坑墓 45 座，均为长宽比较小的竖穴土坑墓，出土遗物以陶制釜甑灶组合及罐、仓、

土坑墓（西汉）

钵、盖豆、鼎为主，另有少量青铜鍪、鼎、勺、印章、带钩、蒜头壶、钱币和铁刀等遗物。

明清时期宗教遗存包含后殿、建筑台基、前殿基址、步道、西厢房基址、水池及排水沟等构成的寺观建筑基址、僧人墓以及碑刻等，建筑格局保存总体完整，为典型的清代川东地区中轴线式寺庙格局，真实再现了"明洪武二年，住庙道士年老体衰，由心瑞和尚接管，改观为寺，又称高唐寺，成了佛道合一的寺观，以后在明万历，清乾隆、嘉庆、咸丰、道光、同治、光绪年间均有不同程度的兴建或改扩建"[①] 的寺观兴衰史。

（五）万元沟墓地

万元沟墓地位于巫山县巫峡镇圣泉小区，地处大宁河与长江交汇口的南岸，该区域属于巫山古城遗址文物保护范围，系古代文化遗存富集区。在既往工作中，在巫山古城范围内发现大量汉至六朝时期的古墓葬。2012 年 3—4 月，重庆市文化遗产研究院对该墓地进行了抢救性考古发掘，共清理墓葬 9 座，包含砖室墓 3 座、土坑墓 6 座，出土器物标本等共计 200 余件（套），包括铜盆、铜杯、铜垫片、陶罐、陶钵、陶灶、陶壶、陶鬲、陶盆、五铢和墓砖标本等，墓地时代初步判定为战国至两汉时期。

---

① 2016 年考古发掘出土残碑记载，现藏巫山县博物馆。

战国时期墓葬以3号、9号墓为代表,均为土坑竖穴墓。3号墓平面呈长方形,口大底小,墓壁倾斜,墓底部有两道放置棺床的垫木槽,墓壁上可见明显的修整痕迹,宽5~15厘米不等。出土少量磨光黑皮陶器碎片,可辨器形有鼎、敦,部分陶片上残存彩绘痕迹。9号墓平面呈长方形,形制较小,前部被破坏而不存。墓底残留人骨,颈椎以上不存,仰身,两手交叠于腹前,两腿膝间交叉,肩部右侧可见有一陶鬲,鬲内残存少量禽类小骨,左侧随葬一陶盆,脚底随葬一圜底罐。

土坑墓(战国)

两汉时期墓葬以1号墓为代表,墓葬形制为前穴后洞式带短斜坡墓道。前室为土坑竖穴墓圹,墓底平铺菱形纹墓砖,墓壁下部错缝平砌三轮"萬"字纹空心砖,其上错缝平砌菱形纹墓砖,墓顶被破坏殆尽,仅甬道与墓室相连处残留一道券顶。后室与前室由短甬道相连,系先挖一穹窿顶土洞,再砌筑砖壁及券顶。该墓被盗扰严重,前室可见有棺木痕迹及铜棺钉帽、鎏金铜棺钉垫片残存,后室随葬品较为丰富,以罐、钵、盆为主,另有灶等小型模型明器。

砖室墓(东汉)

砖室墓局部（东汉）

砖室墓局部（东汉）

（六）李家包墓地

李家包墓地位于巫山县曲尺乡伍柏村3社李家包，地处长江左岸陡坡上，北面距林家湾遗址约150米，南面距大水田遗址约200米。2016年7月至

李家包墓地远景

崖洞砖室墓墓壁（汉至六朝）

砖室墓局部（汉至六朝）

8月，重庆市文化遗产研究院对该遗址开展考古发掘工作，发掘面积1000平方米，共清理汉至六朝墓葬11座，灰坑1座，出土陶、瓷、铜、琉璃质随葬品共65件（套）。

墓葬可分为砖室墓、崖墓、土坑墓、岩坑墓四类，其中砖室墓4座，崖墓2座，土坑墓4座，岩坑墓1座。M2为岩坑砖室墓，发现二次埋葬迹象，墓葬的随葬品可分为两组，第1组位于墓室靠近甬道部位以及甬道内，明显高于墓葬底部，且铺设有铺底砖，应为第二次埋葬的随葬品；第2组随葬品位于墓葬底部，应为第一次埋葬时的随葬品。两组随葬品之间有厚约20厘米的淤

砖室墓（汉至六朝）

积土。两组随葬品年代相去不远，与三峡地区较为常见的唐宋时期利用汉至六朝墓穴的借室埋葬有着不小的差别，为进一步探讨这类埋葬现象的性质提供了重要的参考资料。2座崖墓为崖洞砖室墓，这类墓葬形制也是这一地区的汉至六朝墓葬中较为少见的。

（七）大溪村墓群

大溪村墓群位于巫山县大溪乡大溪村。2013年5月至8月，重庆市文化遗产研究院、中国人民大学历史学院、湖北省宜昌博物馆对该墓群进行考古发掘，发掘面积共计2050平方米，共清理墓葬21座。

墓葬分石室墓和土坑墓两类，其中石室墓19座，土坑墓2座。石室墓为土洞石室墓，平面形状呈刀把形，出土了较多陶器、青瓷器、铜器、铁器、银器，

大溪村墓群远景

随葬品出土场景

鎏金铜棺饰出土场景

陶器包括罐、壶、盆、钵、豆等器皿，仓、灶、甑、俑等明器，青瓷器有碗、罐、鸡首壶、砚、钵等，铜器有昭明镜、人形和龙形棺饰、蝉形饰，铁器有剑、镞、剪等，银器为银戒指。从墓葬形制和出土随葬品判断，这批墓葬的时代可分为东汉晚期和东晋两个阶段。

石室墓（东汉）

土坑墓平面均为长方形,从出土的青花瓷器和"崇祯通宝"铜钱判断,其时代应为明代。

(八)老屋场墓地

老屋场墓地位于巫山县曲尺乡伍柏村9社,地处长江北岸的缓坡台地上,东北距大水田遗址约800米,东面、南面紧邻长江,西面为一小型台地。墓地地处三峡水库消落区,受江水涨落冲刷的影响,暴露出较多的砖室墓。

石室墓(东汉)

2015年5月,重庆市文化遗产研究院与巫山县文物管理所联合对该墓地实施了抢救性发掘,共清理砖室墓9座,包含东晋至南朝初年墓葬7座,唐代早期墓葬1座,东晋至北宋时期群葬墓1座(墓葬初始年代为东晋,宋代借用墓室埋葬),取得了比较重要的收获。其中,7号墓出土有金饰、玛瑙、瓷碗、滑石猪等,特别是桃形金叶可能为魏晋时期北方少数民族使用的金步摇冠饰构件,这一发现填补了库区考古发现的相关空白。8号墓为一座群葬墓,出土人骨30余具,其遗存分属东晋和北宋两个时期,应是北宋借室晋墓埋葬的实例。上层遗存除1组"元符通宝"外,还出土有歇山顶屋形陶棺1具,内部中空盛放人体肢骨,其做法或许与祆教族群的"天葬"葬俗相关。

随葬品出土场景

随葬品出土场景

砖室墓顶部（六朝）

砖室墓（六朝）

陶屋形棺出土场景

陶屋形棺内人骨

砖室墓（六朝）

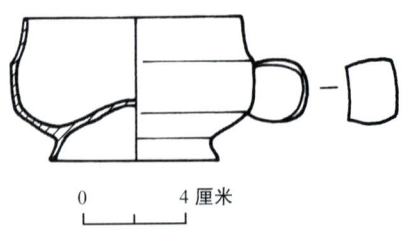

陶单耳杯

大水田遗址出土

大溪文化（距今 6300-5300 年）

陶单耳杯

大水田遗址出土

大溪文化（距今 6300-5300 年）

陶碗

大水田遗址出土

大溪文化（距今 6300-5300 年）

陶碗

大水田遗址出土

大溪文化（距今 6300-5300 年）

陶碗

大水田遗址出土

大溪文化（距今 6300-5300 年）

陶碗

大水田遗址出土

大溪文化（距今 6300-5300 年）

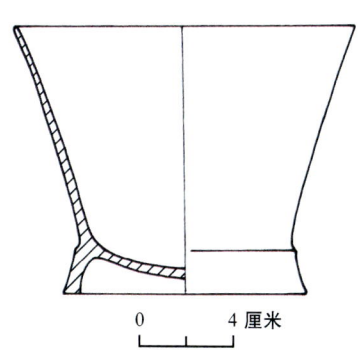

陶碗

大水田遗址出土
大溪文化（距今 6300-5300 年）

陶碗

大水田遗址出土
大溪文化（距今 6300-5300 年）

陶碗

大水田遗址出土
大溪文化（距今 6300-5300 年）

陶钵

大水田遗址出土
大溪文化（距今 6300-5300 年）

陶钵

大水田遗址出土
大溪文化（距今 6300-5300 年）

陶钵

大水田遗址出土
大溪文化（距今 6300-5300 年）

陶圈足盘

大水田遗址出土
大溪文化（距今 6300-5300 年）

陶圈足盘

大水田遗址出土
大溪文化（距今 6300-5300 年）

陶圈足盘

大水田遗址出土
大溪文化（距今 6300-5300 年）

陶盆

大水田遗址出土
大溪文化（距今 6300-5300 年）

陶盆

大水田遗址出土
大溪文化（距今 6300-5300 年）

陶鼎

大水田遗址出土
大溪文化（距今 6300-5300 年）

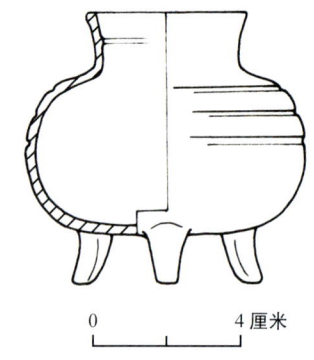

陶鼎

大水田遗址出土
大溪文化（距今 6300-5300 年）

陶鼎

大水田遗址出土
大溪文化（距今 6300-5300 年）

陶曲腹杯

大水田遗址出土
大溪文化（距今 6300-5300 年）

陶圈足杯

大水田遗址出土
大溪文化（距今 6300-5300 年）

陶豆

大水田遗址出土
大溪文化（距今 6300-5300 年）

陶簋

大水田遗址出土
大溪文化（距今 6300-5300 年）

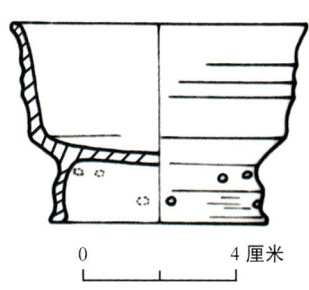

陶器盖

大水田遗址出土

大溪文化（距今 6300-5300 年）

陶壶

大水田遗址出土

大溪文化（距今 6300-5300 年）

陶器盖

大水田遗址出土

大溪文化（距今 6300-5300 年）

陶面具

大水田遗址出土
大溪文化（距今 6300-5300 年）

陶球

大水田遗址出土
大溪文化（距今 6300-5300 年）

陶球

大水田遗址出土
大溪文化（距今 6300-5300 年）

陶支座

大水田遗址出土
大溪文化（距今 6300-5300 年）

陶铃

大水田遗址出土
大溪文化（距今 6300-5300 年）

陶支座

大水田遗址出土
大溪文化（距今 6300-5300 年）

陶璜形饰

大水田遗址出土

大溪文化（距今 6300-5300 年）

石斧

大水田遗址出土

大溪文化（距今 6300-5300 年）

石斧

大水田遗址出土

大溪文化（距今 6300-5300 年）

石斧

大水田遗址出土

大溪文化（距今 6300-5300 年）

石凿

大水田遗址出土
大溪文化（距今 6300-5300 年）

石凿

大水田遗址出土
大溪文化（距今 6300-5300 年）

石锛

大水田遗址出土
大溪文化（距今 6300-5300 年）

石锛

大水田遗址出土
大溪文化（距今 6300-5300 年）

石穿山甲形饰

大水田遗址出土
大溪文化（距今 6300-5300 年）

石矛

大水田遗址出土
大溪文化（距今 6300-5300 年）

石镞

大水田遗址出土
大溪文化（距今 6300-5300 年）

石铲

大水田遗址出土
大溪文化（距今 6300-5300 年）

石猪形饰

大水田遗址出土
大溪文化（距今 6300-5300 年）

石穿山甲形饰

大水田遗址出土
大溪文化（距今 6300-5300 年）

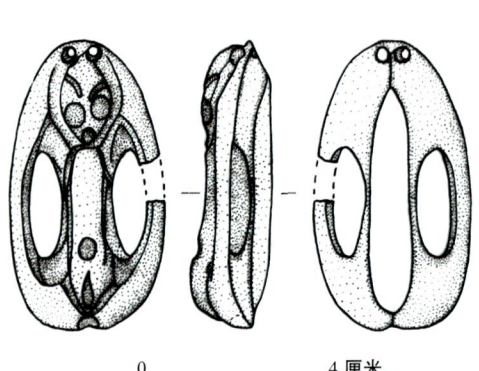

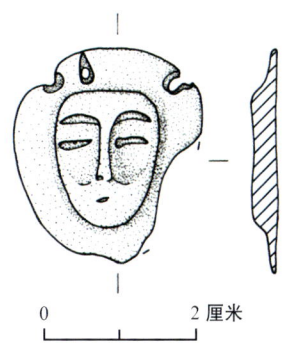

石人面形饰

大水田遗址出土
大溪文化（距今 6300-5300 年）

石贝形饰

大水田遗址出土
大溪文化（距今 6300-5300 年）

石纺轮形饰

大水田遗址出土
大溪文化（距今 6300-5300 年）

石指环

大水田遗址出土

大溪文化（距今 6300-5300 年）

石坠饰

大水田遗址出土

大溪文化（距今 6300-5300 年）

石环形饰

大水田遗址出土

大溪文化（距今 6300-5300 年）

石车轮形饰

大水田遗址出土
大溪文化（距今 6300-5300 年）

石环形饰

大水田遗址出土
大溪文化（距今 6300-5300 年）

石环形饰

大水田遗址出土
大溪文化（距今 6300-5300 年）

石车轮形饰

大水田遗址出土
大溪文化（距今 6300-5300 年）

石车轮形饰

大水田遗址出土
大溪文化（距今 6300-5300 年）

石车轮形饰

大水田遗址出土
大溪文化（距今 6300-5300 年）

石耳珰

大水田遗址出土
大溪文化（距今 6300-5300 年）

石纽扣形饰

大水田遗址出土
大溪文化（距今 6300-5300 年）

石璧形饰

大水田遗址出土
大溪文化（距今 6300-5300 年）

玉玦

大水田遗址出土
大溪文化（距今 6300-5300 年）

石玦

大水田遗址出土
大溪文化（距今 6300-5300 年）

玉玦

大水田遗址出土
大溪文化（距今 6300-5300 年）

石璜

大水田遗址出土
大溪文化（距今 6300-5300 年）

玉璜

大水田遗址出土
大溪文化（距今 6300-5300 年）

玉环

大水田遗址出土
大溪文化（距今 6300-5300 年）

玉璜

大水田遗址出土
大溪文化（距今 6300-5300 年）

玉璜

大水田遗址出土
大溪文化（距今 6300-5300 年）

石坠饰

大水田遗址出土
大溪文化（距今 6300-5300 年）

玉坠饰

大水田遗址出土
大溪文化（距今 6300-5300 年）

玉缀饰

大水田遗址出土
大溪文化（距今 6300-5300 年）

玉坠饰

大水田遗址出土
大溪文化（距今 6300-5300 年）

绿松石饰

大水田遗址出土
大溪文化（距今 6300-5300 年）

玉坠饰

大水田遗址出土
大溪文化（距今 6300-5300 年）

玉鸟首形饰

大水田遗址出土
大溪文化（距今 6300-5300 年）

玉坠饰

大水田遗址出土
大溪文化（距今 6300-5300 年）

绿松石饰

大水田遗址出土
大溪文化（距今 6300-5300 年）

绿松石饰

大水田遗址出土
大溪文化（距今 6300-5300 年）

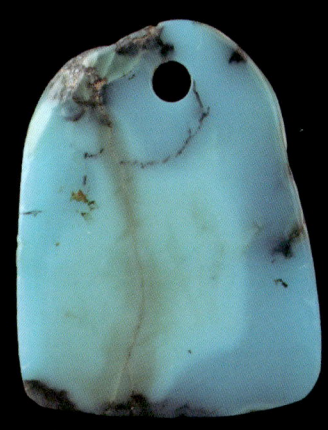

绿松石饰

大水田遗址出土
大溪文化（距今 6300-5300 年）

绿松石饰

大水田遗址出土
大溪文化（距今 6300-5300 年）

绿松石饰

大水田遗址出土
大溪文化（距今 6300-5300 年）

绿松石饰

大水田遗址出土
大溪文化（距今 6300-5300 年）

绿松石饰

大水田遗址出土
大溪文化（距今 6300-5300 年）

绿松石饰

大水田遗址出土
大溪文化（距今 6300-5300 年）

骨矛

大水田遗址出土
大溪文化
（距今 6300-5300 年）

骨锥

大水田遗址出土
大溪文化
（距今 6300-5300 年）

骨锥

大水田遗址出土
大溪文化
（距今 6300-5300 年）

骨锥

大水田遗址出土　大溪文化（距今6300-5300年）

骨锥

大水田遗址出土　大溪文化（距今6300-5300年）

骨锥

大水田遗址出土　大溪文化（距今6300-5300年）

骨锥

大水田遗址出土　大溪文化（距今6300-5300年）

骨锥

大水田遗址出土　大溪文化（距今6300-5300年）

牙玦

大水田遗址出土
大溪文化（距今 6300-5300 年）

骨璧

大水田遗址出土
大溪文化（距今 6300-5300 年）

骨镯

大水田遗址出土
大溪文化（距今 6300-5300 年）

陶釜

大水田遗址出土
三星堆文化（距今 4800-2800 年）

陶小平底罐

大水田遗址出土
三星堆文化（距今 4800-2800 年）

陶小平底罐

大水田遗址出土
三星堆文化（距今 4800-2800 年）

陶釜

大水田遗址出土
战国

陶釜

大水田遗址出土
战国

陶双腹罐

大水田遗址出土
战国

陶罐

大水田遗址出土
战国

陶罐

大水田遗址出土
战国

陶罐

大水田遗址出土
战国

陶罐

大水田遗址出土
战国

陶罐

大水田遗址出土
战国

陶罐

大水田遗址出土
战国

陶圜底罐

大水田遗址出土
战国

陶圜底罐

大水田遗址出土
战国

陶圜底罐

大水田遗址出土
战国

陶壶

大水田遗址出土
战国

陶壶

大水田遗址出土
战国

陶壶

大水田遗址出土
战国

陶壶

大水田遗址出土
战国

陶壶

大水田遗址出土
战国

陶壶

大水田遗址出土
战国

陶壶

大水田遗址出土
战国

陶壶

大水田遗址出土
战国

陶器组合

高唐观遗址出土　　战国

铜戈

柏树梁子墓群出土　　战国

陶盆

万元沟墓地出土
战国

陶鬲

万元沟墓地出土
战国

陶鬲

高唐观遗址出土
战国

铜带钩

柏树梁子墓群出土　　战国

铜带钩

柏树梁子墓群出土　　战国

铜带钩

柏树梁子墓群出土　　战国

铜矛

大水田遗址出土
战国

铜矛局部

大水田遗址出土
战国

铜矛局部

大水田遗址出土
战国

铜矛

柏树梁子墓群出土
战国

铜剑

柏树梁子墓群出土
战国

铜剑

柏树梁子墓群出土
战国

玉玦

大水田遗址出土　　战国

玉玦

大水田遗址出土　　战国

陶鼎

大水田遗址出土
西汉

陶鼎

柏树梁子墓群出土
西汉

陶高领罐

柏树梁子墓群出土
西汉

陶匜

高唐观遗址出土
西汉

陶豆

高唐观遗址出土
西汉

铜"司马橐"印

高唐观遗址出土
西汉

玉璧

高唐观遗址出土
西汉

陶俑

万元沟墓地出土
东汉

陶圜底罐

开峡墓地出土
东汉

陶钵

万元沟墓地出土
东汉

陶罐

万元沟墓地出土
东汉

陶灶

万元沟墓地出土
东汉

瓷钵

大水田遗址出土　　六朝

瓷碗

老屋场墓地出土　　六朝

瓷碗

老屋场墓地出土　　六朝

瓷盘口壶

军营河遗址出土
六朝

瓷盘口壶

老屋场墓地出土
六朝

瓷盘口壶

军营河遗址出土
六朝

瓷鸡首壶

大溪村墓地出土
六朝

瓷鸡首壶

大溪村墓地出土
六朝

瓷罐

老屋场墓地出土
六朝

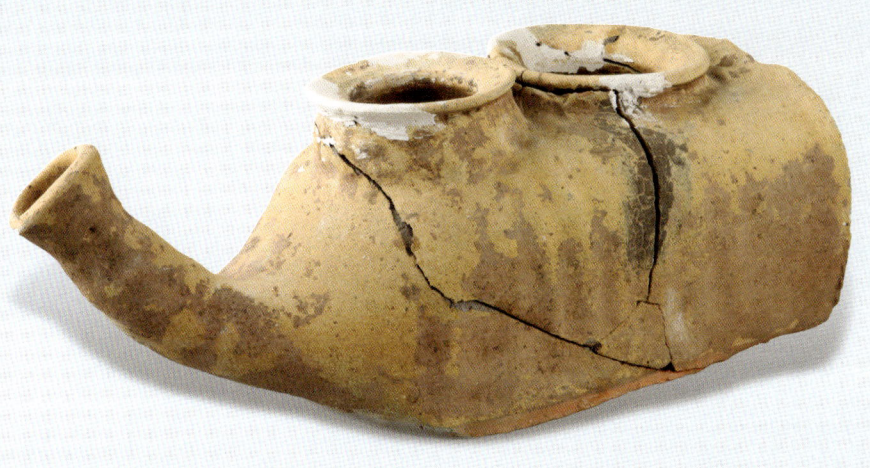

瓷灶

大水田遗址出土　　六朝

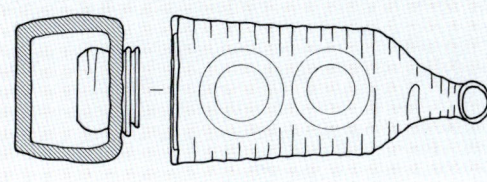

瓷四系罐

大水田遗址出土　　六朝

瓷盘

老屋场墓地出土　　六朝

瓷砚台

老屋场墓地出土　　六朝

瓷砚台

老屋场墓地出土　　六朝

瓷器盖

大水田遗址出土　　六朝

鎏金铜棺饰

龙头山墓地出土　　六朝

鎏金铜蝉形饰

大溪村墓地出土　　六朝

鎏金铜泡钉

水泥厂墓地出土　　六朝

鎏金铜棺饰

大溪村墓地出土　　六朝

鎏金铜耳璜

大溪村墓地出土　　六朝

铁剑

梁子上墓地出土　　六朝

铁削刀

梁子上墓地出土　　六朝

铁剪刀

大溪村墓地出土　　六朝

银指环

关上墓地出土
六朝

金饰

老屋场墓地出土
六朝

金桃形叶片

老屋场墓地出土
六朝

滑石猪形饰

老屋场墓地出土
六朝

滑石猪形饰

老屋场墓地出土
六朝

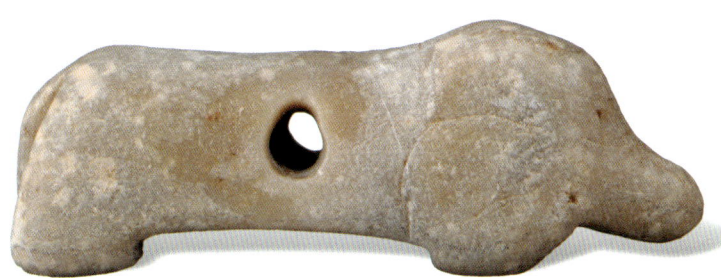

煤精纽扣

老屋场墓地出土
六朝

煤精纽扣

老屋场墓地出土
六朝

玛瑙珠

大水田遗址出土
六朝

玛瑙珠

老屋场墓地出土
六朝

琉璃耳珰

梁子上墓地出土
六朝

蜻蜓眼珠饰

大水田遗址出土
六朝

蜻蜓眼珠饰

大水田遗址出土
六朝

蜻蜓眼珠饰

大水田遗址出土
六朝

蜻蜓眼珠饰

大水田遗址出土
六朝

瓷碗

老屋场墓地出土
宋代

瓷碗

老屋场墓地出土
宋代

瓷碗

老屋场墓地出土
宋代

瓷碗

老屋场墓地出土
宋代

瓷碗

老屋场墓地出土
宋代

瓷碟形灯

老屋场墓地出土
宋代

陶屋形棺

老屋场墓地出土
宋代

0　　　4厘米

瓷器组合

高唐观遗址出土
南宋

瓷"廟"字香炉

高唐观遗址出土
明代

奉节篇

一、县域概况

（一）地理环境

奉节县位于长江上游地区，重庆市东北部，长江三峡库区腹心，是渝东北地区的门户，东邻巫山县，南界湖北省恩施市，西连云阳县，北接巫溪县。县境地跨东经109°1′17″—109°45′58″，北纬30°29′19″—31°22′33″，面积4087平方公里。长江横贯中部，是陕南、渝东、鄂西和湘北最便捷的水上出口通道，更是连接湘鄂渝陕南北经济走廊的枢纽。

奉节县境属四川盆地东部山地地貌，长江横贯中部，山峦起伏，沟壑纵横。县境内以山地为主，山地面积占总面积的88.3%，中山（海拔1000米以上）占总面积的80.01%，最高海拔（吐祥猫儿梁）2123米，三峡工程蓄水前最低海拔（瞿塘峡口）86米。奉节北部为大巴山南麓的一部分，东部和南部为巫山和七曜山的一部分，长江横切七曜山形成著名的瞿塘峡。地貌总体为东部高，中部偏西稍平缓，南北大致呈对称分布，以长江为对称轴，离长江越远海拔越高，有少量平缓河谷平坝。奉节县境内河流属长江水系，其中长江干流长41.5公里，另有梅溪河、大溪河、石笋河、草堂河、朱衣河等主要河流。

奉节县属中亚热带湿润季风气候，春早、夏热、秋凉、冬暖，四季分明，无霜期长，雨量充沛，日照时间长。境内山高谷深，海拔高度变化很大，受地形地貌影响，垂直气候变化较为明显，形成典型的立体气候。平均气温在海拔低于600米的地区为16.4℃，600—1000米的地区为16.4℃—13.7℃，1000—1400米的地区为13.7℃—10.8℃，1400米以上的地区，低于10.8℃。无霜期年均287天，年平均降水量1132毫米，常年日照时数为1639小时。

奉节县拥有丰富的矿产资源、生物资源和水能资源。矿产资源主要有煤、铁、硫铁矿、钾、铝土、石英石、石灰石、海泡石、大理石、皂石等30余种；生物资源包括有丰富的动植物，珍稀动物主要有大鲵、獐、豹、鹿、野猪等，珍稀植物主要有水杉、银杏、领春木、莲香树等；水能资源以长江过境水资源为主，还有为数众多的水库、池塘等。

奉节县境内拥有白帝城、紫阳城、瞿塘关、夔门、瞿塘关遗址博物馆、夔州博物馆、天坑地缝、天鹅湖风景区、长龙山风景名胜区等诸多类型的人文和自然景观，反映了奉节悠久的历史文化和优美的自然环境。

（二）历史沿革

奉节历史悠久，在6万年前就有先民在此劳作生息。6000多年前，境内先民就与三峡地区、鄂西南和湘北地区先民共同创造出闻名全国的大溪文化。奉节据荆楚上游，控巴蜀东门，具有重要的战略地位，历来为兵家必争之地。从汉代至20世纪初，奉节为巴东郡、巴州、信州、夔州、夔州府和江关都尉、三巴校尉等治地，一直是蜀东政治、经济、文化和军事中心。

奉节县境在先秦时期属荆、梁之域。春秋时为庸国地，后属巴国。战国时属楚国。

奉节古称鱼复，秦惠文王更元十一年（公元前314年），秦于巴国之地置巴郡，鱼复县随巴郡同置，属巴郡。

东汉建武元年（公元25年），公孙述据蜀称帝，奉节县境属之。建武十一年（公元35年），岑彭大破田戎于荆门，率军入江关，奉节境为东汉所控。东汉末年，置固陵郡，又改为巴东郡。

三国时期，蜀汉章武二年（公元222年），夷陵之战后刘备败退白帝城，改鱼复为永安县。

西晋太康元年（公元280年），恢复鱼复县名。

南北朝时期，刘宋泰始五年（公元469年），置三巴校尉，以防三峡蛮暴乱，兼领巴东、建平、巴西、梓潼诸郡。萧齐时兼置巴州，萧梁时置信州，皆治白帝城。西魏废帝三年（公元554年），改鱼复县为人复县。后周置信州总管府。

隋朝，大业元年（公元605年），复名巴东郡。

唐朝，武德元年（公元618年），仍曰信州。武德二年，改名夔州，置总管府，不久改为都督府。贞观二十三年（公元649年），尊崇诸葛亮奉刘备"托孤寄命，临大节而不可夺"的品质，改人复县为奉节县。天宝初，曰云安郡，统峡中五郡军事。乾元初复故。

五代时，前蜀王建初置镇江军，治此，兼领忠、万二州，以据荆南。既而移治忠州。后梁乾化四年（公元914年），仍治夔州。后唐天成三年（公元928年），升为宁江军节度。后蜀因之，仍治夔州。

北宋乾德二年（964年）伐后蜀，分遣刘光义等由归州进克夔州，尽平峡中地，置夔州路，治此。南宋后，并置都督府于此。

元属夔州路。

明初，明玉珍据蜀，固守瞿塘。明洪武四年（公元1371年），仍曰夔州。洪武九年（公元1376年），夔州改隶重庆卫。洪武十四年（公元1381年），升为夔州府。

清康熙六年（公元1667年），裁大宁县并入奉节县，雍正七年（公元1729年），复置大宁县。宣统三年（公元1911年）十月初六，奉节县人民响应辛亥革命，宣布独立。

民国24年（1935年），川政统一，四川实行行政督察区制，原定第九行政督察区署设在奉节，后改设在万县。

1949年12月3日，奉节和平解放，12月19日成立奉节县人民政府。1950年起奉节属四川省万县专区，1968年属万县地区，1992年属万县市，1997年3月随万县市隶重庆市，后直属重庆市。

（三）文物资源

奉节县地处三峡库区腹心，历史文化积淀深厚，文物资源丰富。根据第三次全国文物普查数据，奉节县境内共登录不可移动文物517处，其中古遗址63处，古墓葬316处，古建筑50处，石窟寺及石刻64处，近现代重要史迹及代表性建筑23处，其他遗迹1处。现有全国重点文物保护单位3处、重庆市文物保护单位10处、区县级文物保护单位31处。根据重庆市三峡库区历史文化遗产资源调查数据，奉节县国有文物收藏机构保管的可移动文物数量总数为20157件（套）。

二、既往考古工作简述

中华人民共和国成立前，奉节县的考古工作基本上属于空白。中华人民共和国成立后，尤其是20世纪90年代后期进入三峡文物保护实施阶段后，奉节县的文物考古工作得到了长足的发展。除围绕三峡工程文物保护而开展的体系化考古工作以外，随着近年来对文物保护的重视程度不断提升，配合基本建设的抢救性考古工作逐步增多，取得了较为重要的考古收获。

（一）三峡工程文物保护考古工作

在奉节县考古工作的发展历程中，三峡文物保护始终是其重心。配合三峡工程建设，这一方面的工作总体上分为前期论证和全面实施两大阶段。

1. 前期论证阶段（1957—1997年）

在三峡工程文物保护前期论证阶段，中国科学院考古研究所，湖北、四川两省的文物考古机构和长江流域规划办公室（长江水利委员会的前身）考古队等，先后进入三峡库区，进行了多次调查和发掘，开启了奉节县考古工作的新篇章。这一时期的考古工作以调查为主，发现并确定了大量遗址和墓葬，同时对部分文物点进行了小面积试掘，出土了数量众多的遗物，为奉节县三峡工程文物保护的全面实施奠定了坚实的基础。

1957年，四川省博物馆组织川东调查小组，对长江两岸的长寿、涪陵以下至巫山8个县进行了调查，其中，在奉节县境内的3处地点采集到了石器或陶片。① 次年，四川省博物馆、重庆市博物馆、四川大学历史系联合组成

---

① 四川省博物馆：《川东长江沿岸新石器时代遗址调查简报》，《考古》1959年第8期。

四川省长江三峡水库文物调查队,在奉节县境内的5处地点发现了石器或陶片。① 1984、1987—1988年,白帝城博物馆陆续对奉节县境内的文物进行了重点调查和全貌普查,在共计1200多个文物普查点中,确定了156个相对价值较高的文物保护点。1987年,四川省考古研究所对奉节县的地下文物进行了调查,在10个地点发现有古代墓葬,并对部分暴露在外或已被破坏的墓葬做了清理工作。1992年,四川省考古研究所开始对三峡工程淹没区进行全面的地下文物调查工作,发现古遗址、古墓葬共37处。

随着三峡工程的推进,1993年11月至1994年10月,国家文物局组织相关考古工作单位对三峡库区地面、地下文物进行全面调查、勘探以及小规模试掘。其中,为了寻找汉代以前的古文化遗址,吉林大学考古学系三峡考古工作队在奉节县白帝城文管所的配合下,对奉节县三峡工程淹没区内的地下文物进行了拉网式调查,在对原来掌握的文物进行复查并确认外,又新发现了15处文物点,其中包括1993年12月发现的老关庙遗址和新浦遗址,以及1994年3月发现的老油坊遗址等3处先秦时期的古遗址,这是奉节县汉代以前考古研究历史上零的突破。② 同时,吉林大学考古学系对部分地下文物点进行了小规模试掘。1993年12月,对老关庙遗址进行了第一次试掘,这次发掘也是奉节县历史上的第一次专题系统性考古发掘工作,发现了具有填补奉节及整个重庆库区瞿塘峡以西地段史前考古研究空白意义的、后来被正式定名为"老关庙下层文化"的新石器时代遗存。③ 翌年3月,对老关庙遗址进行了第二次发掘④,其重要价值有力支撑了重庆三峡工程淹没区考古调查

---

① 四川省博物馆:《四川省长江三峡水库考古调查简报》,《考古》1959年第8期。
② 赵宾福:《重庆奉节先秦时期考古的主要收获——来自长江三峡库区的两个考古学个案研究》,《史学集刊》2004年第3期。
③ 吉林大学考古学系:《四川奉节老关庙遗址第一、二次发掘》,《江汉考古》1999年第3期。赵宾福:《重庆奉节先秦时期考古的主要收获——来自长江三峡库区的两个考古学个案研究》,《史学集刊》2004年第3期。
④ 吉林大学考古学系:《四川奉节老关庙遗址第一、二次发掘》,《江汉考古》1999年第3期。

入选"1994年全国十大考古新发现"①。1994年3—4月，对新浦遗址和老油坊遗址进行了试掘，在新浦遗址发现了相当于夏商时期的新浦下层遗存和相当于西周晚期至春秋时期的新浦上层遗存②；在老油坊遗址发现了在奉节县三峡库区淹没区具有一定代表性的遗存③。同一时期，吉林大学考古学系也对三塘、拖板、上平皋、白帝村等墓群的崖墓和砖室墓进行了清理，清理东汉中期、东汉晚期、蜀汉初期、西晋末到东晋初年和南朝前期等五个阶段的崖墓20座④，东汉晚期、东晋时期的砖室墓3座⑤。为配合奉节县白帝城博物馆夔门古象馆施工，1995年3—5月，吉林大学考古学系对老关庙遗址进行了第三次发掘，并以此次的发现正式提出"老关庙下层文化"的命名。⑥ 1996年12月和1997年1月，奉节县白帝城文物管理所和重庆市博物馆考古队在施工现场清理了3座新石器时代的土坑墓。⑦

1993年12月—1994年1月，中国科学院古脊椎动物与古人类研究所同重庆自然博物馆组成长江三峡旧石器时代考古工作队，开始在长江三峡水库淹没区进行大规模的旧石器、古人类和动物化石的考察活动。在对奉节县三峡工程淹没区内的旧石器时代遗址进行调查时，发现了鱼复浦旧石器时代遗址和三坨旧石器时代遗址⑧，并于1994年4月对鱼复浦遗址的旧石器时代遗

---

① 蒋迎春：《94全国十大考古新发现揭晓》，《中国文物报》1995年1月19日。
② 吉林大学考古学系：《四川奉节县新浦遗址发掘报告》，《考古》1999年第1期。
③ 吉林大学考古学系：《四川奉节老油坊遗址试掘报告》，《江汉考古》1999年第3期。
④ 吉林大学边疆考古研究中心：《重庆奉节县三峡工程库区崖墓的清理》，《考古》2004年第1期。
⑤ 吉林大学考古学系：《四川省奉节县三峡工程库区砖室墓清理报告》，《江汉考古》1999年第3期。
⑥ 吉林大学考古学系、四川省文物考古研究所：《奉节县老关庙遗址第三次发掘》，《四川考古报告集》，文物出版社，1998年。
⑦ 赵宾福、邹后曦、雷庭军：《重庆奉节县老关庙新石器时代遗址土坑墓的发掘》，《考古》2006年第8期。
⑧ 中国科学院古脊椎动物与古人类研究所、重庆市文物局：《奉节三坨遗址发掘报告》，收录于《重庆库区考古报告集·2000卷》，科学出版社，2007年。

存进行了试掘，拉开了三峡工程淹没区旧石器时代考古的序幕①。

在三峡文物保护前期论证阶段，考古工作者对奉节县处于三峡库区内的区域开展了较大规模的考古工作。通过调查、勘探和试掘，在奉节县发现了大量的古代遗存，主要是古遗址和古墓葬，时代从旧石器时代、新石器时代一直延续到明清时期，遗存数量多，内涵丰富，具有极高的价值。以此为基础，1994年开始编制《三峡工程库区文物保护规划》，1995年，三峡库区16个区县的文物保护规划编制完成，其中就包括奉节县，为奉节县三峡库区文物考古工作全面、科学、高效地开展奠定了坚实的基础。

2. 全面实施阶段（1997—2007年）

在三峡工程文物保护全面实施阶段，按照《三峡工程库区文物保护规划》的总体部署，文物工作者对奉节县三峡库区的文物进行了大规模的抢救性保护和考古发掘。这一阶段是奉节县考古工作的高速、全面发展期。在这一时期，奉节县三峡库区的地下文物保护工作以考古发掘为主，取得了丰硕的成果。共发掘文物点70处，发掘面积达156950平方米，出土了数以万计的文物。考古成果表明，奉节县地下文物遗存非常丰富，从旧石器时代晚期开始，就有古人类在此繁衍生息。新石器时代、商周时期一直到明清时期，这里都分布着丰富的文化遗存。

旧石器时代的旧石器地点和化石点较多，这些遗址的类型包括旷野和洞穴两类。其中，时代较早的兴隆洞遗址自2001年以来出土了人类牙齿化石、石制品、哺乳动物化石等，地质年代为中更新世晚期至晚更新世早期，距今约15—12万年，属于旧石器时代中期。② 其他旧石器遗址的时代基本

---

① 中国科学院古脊椎动物与古人类研究所、重庆自然博物馆、奉节县白帝城博物馆、河北省阳原县文物保护管理所、万州区文物管理所：《奉节鱼复浦遗址旧石器时代考古发掘报告》，收录于《重庆库区考古报告集·1997卷》，科学出版社，2001年。
② 重庆文化遗产保护中心、重庆市文物考古所：《重庆考古60年》，《四川文物》2009年第6期。

属于旧石器时代晚期,这些遗址主要有横路旧石器地点①、鱼复浦遗址②、庙湾子旧石器地点、宝塔坪旧石器地点、桑树坪旧石器地点、草堂古人类化石点、老君庙化石点、五马石旧石器地点、三坨旧石器地点③、三塘旧石器地点④、堰塘旧石器地点、刘家院坝遗址等⑤,出土了较为丰富的石器、古人类化石和动物骨骼。从石器工业上看,应属于南方砾石工业,石器材料就地取材,多选自河滩砾石,石器的个体较大。此外,于1998年发掘的横路遗址和再次进行发掘的鱼复浦遗址等部分遗址被认为可能处于旧石器时代向新石器时代过渡的阶段。⑥

新石器时代的遗址主要有鱼复浦遗址、横路遗址、羊安渡遗址、李家坝遗址、三台石器采集点等。其中,在鱼复浦遗址发现了较为丰富的遗存。从文化面貌上看,鱼复浦遗址可能属于旧石器时代向新石器过渡阶段的遗存,并出土了重庆地区年代最早的陶片。⑦横路遗址的时代与鱼复浦遗址大致相当,对奉节县新石器早期文化的研究具有重要价值。⑧羊安渡遗址是新石器

---

① 三峡旧石器时代考古工作队:《奉节横路遗址发掘报告》,收录于《重庆库区考古报告集·1998卷》,科学出版社,2003年。
② 中国科学院古脊椎动物与古人类研究所、重庆自然博物馆、奉节县白帝城博物馆、河北省阳原县文物保护管理所、万州区文物管理所:《奉节鱼复浦遗址旧石器时代考古发掘报告》,收录于《重庆库区考古报告集·1997卷》,科学出版社,2001年。
③ 中国科学院古脊椎动物与古人类研究所、重庆市文物局:《奉节三坨石器地点发掘报告》,收录于《重庆库区考古报告集·2000卷》,科学出版社,2007年。
④ 河北省文物研究所、重庆市文化局、奉节县文物管理所:《奉节三塘旧石器地点发掘报告》,收录于《重庆库区考古报告集·2002卷》,科学出版社,2010年。
⑤ 吉林大学边疆考古研究中心、奉节县白帝城文物管理所:《奉节刘家院坝遗址发掘报告》,收录于《重庆库区考古报告集·2002卷》,科学出版社,2010年。
⑥ 三峡旧石器时代考古工作队:《奉节横路遗址发掘报告》,收录于《重庆库区考古报告集·1998卷》,科学出版社,2003年。
⑦ 中国科学院古脊椎动物与古人类研究所、重庆自然博物馆、奉节县白帝城博物馆、河北省阳原县文物保护管理所、万州区文物管理所:《奉节鱼复浦遗址旧石器时代考古发掘报告》,收录于《重庆库区考古报告集·1997卷》,科学出版社,2001年。
⑧ 中国科学院古脊椎动物与古人类研究所、重庆市文物局、奉节县白帝城博物馆:《奉节横路遗址考古发掘报告》,收录于《重庆库区考古报告集·2000卷》,科学出版社,2007年。

时代晚期遗址,从出土陶片的特点看,其文化面貌总体属于大溪文化,但上部地层中又包含有哨棚嘴文化和屈家岭文化的因素。①

商周时期的遗存基本为居址类,包括有部分墓葬。这批遗存的分布范围广,面积较大。主要有新浦遗址、老油坊遗址、毛狗堆遗址、陈家坪遗址②、永安镇遗址、擂鼓台遗址、金家坪遗址、王家包遗址、黎家坪遗址、上关遗址(瞿塘关遗址)、小云盘遗址等。新浦遗址在1994年发掘后,又经过1997年、1998年、2000年春季和2000年秋冬季的连续发掘,取得了丰硕的成果,其中新浦下层遗存属于夏至商代中期,属渝东土著文化系统,新浦上层遗存属于西周中期至春秋时期。从文化面貌上看,应该属于楚文化系统。③老油坊遗址于1998年、2001年两个年度进行了发掘,发现了相当于周代的墓葬、陶窑等遗存,对研究巴蜀文化和楚文化具有重要的意义。④王家包遗址商周时期的遗存可分为商代中晚期和春秋时期两个阶段。⑤上关遗址⑥、小云盘遗址⑦均发现东周时期的墓葬,对奉节先秦时期丧葬习俗的研究具有重要价值。毛狗堆遗址发现有商代至东周时期的遗存,商代遗存与中堡岛以及奉节本地的商代遗存比较接近,周代遗存除个别可能

---

① 中国科学院古脊椎动物与古人类研究所、重庆自然博物馆、重庆市文物局、奉节县白帝城文物管理所:《奉节洋安渡石器遗址发掘报告》,收录于《重庆库区考古报告集·2000卷》,科学出版社,2007年。
② 吉林大学边疆考古研究中心、重庆市文化局、奉节县白帝城文物管理所:《奉节陈家坪遗址发掘报告》,收录于《重庆库区考古报告集·2002卷》,科学出版社,2010年。
③ 吉林大学考古学系、奉节县白帝城文物管理所:《奉节新浦遗址发掘简报》,收录于《重庆库区考古报告集·1998卷》,科学出版社,2003年。
④ 吉林大学考古学系、重庆市文化局、白帝城博物馆:《奉节老油坊遗址考古发掘报告》,收录于《重庆库区考古报告集·1998卷》,科学出版社,2003年。
⑤ 成都市文物考古工作队、成都市文物考古研究所、奉节县白帝城文管所:《奉节王家包遗址发掘简报》,收录于《重庆库区考古报告集·1999卷》,科学出版社,2006年。
⑥ 重庆市文物考古所:《奉节上关遗址发掘简报》,收录于《重庆库区考古报告集·1998卷》,科学出版社,2003年。
⑦ 内蒙古文物考古研究所:《奉节小云盘遗址发掘报告》,收录于《重庆库区考古报告集·1999卷》,科学出版社,2006年。

到西周外，其他大多属于东周阶段，与新浦上层的年代相当。① 陈家坪遗址以东周及商周时期的堆积为主，与老关庙遗址有较密切的联系。② 此外，2001年度发掘的鱼复浦遗址③、2002年度发掘的刘家院坝遗址④、2001年度发掘的二溪沟墓地⑤等遗址和墓地均发现商周时期的遗存。

永安镇遗址2005年发掘区

秦汉及以后的遗存分布众多，奉节县的大多数遗址均包含有这一时期的遗存，分布范围广、遗迹类型丰富、出土遗物数量多，特别是汉晋及唐宋时期墓葬和唐宋时期城址的发掘取得了重要成果。

汉晋墓葬以永安镇墓地最为重要，2005年发现以西汉土坑墓为主的各类墓葬76座，出土遗物十分丰富。宝塔坪墓群发掘了战国、汉代及唐宋时

---

① 中国文物研究所、重庆市文物局、奉节县文物管理所：《奉节毛狗堆遗址第二次发掘简报》，收录于《重庆库区考古报告集·2000卷》，科学出版社，2007年。
② 洛阳市文物工作队、重庆市文物局、奉节县白帝城文物管理所：《奉节陈家坪遗址发掘简报》，收录于《重庆库区考古报告集·2000卷》，科学出版社，2007年。
③ 中国历史博物馆、内蒙古文物考古研究所、重庆市文物局、奉节县白帝城文物管理所：《奉节鱼复浦遗址2001年发掘报告》，收录于《重庆库区考古报告集·2001卷》，2007年。
④ 吉林大学边疆考古研究中心、奉节县白帝城文物管理所：《奉节刘家院坝遗址发掘报告》，收录于《重庆库区考古报告集·2002卷》，科学出版社，2010年。
⑤ 重庆市文化遗产研究院：《奉节二溪沟墓地2001年度发掘简报》，收录于《重庆库区考古报告集·2003卷》，科学出版社，2019年。

期墓葬共89座，其中汉代墓葬2座，均为长方形土坑竖穴墓[①]；唐宋时期墓葬共86座，占据绝对多数，形制包括土洞墓、土坑墓和砖室墓三种类型，是三峡库区规模最大的唐宋墓群之一[②]。2001年和2003年两个年度在宝塔坪遗址发现并清理墓葬113座，时代涵盖东汉、两晋、唐、宋、明、清等多个历史时期，其丰富的内涵为研究奉节县古代墓葬形制与丧葬习俗提供了重要的资料。[③] 莲花池墓地经过2000年、2001年两个年度的发掘，共发现清理了190座汉、宋元、明清等时期的墓葬，该墓地是一处古代公共墓地，墓葬分布密集、数量众多，具有重要价值。[④] 永安镇电厂北山墓群清理了64座墓葬，基本上为明清时期的墓葬，个别可能早到宋代，为峡江地区明清时期的平民墓葬的研究提供了丰富的资料。[⑤] 白马墓群经过2000年和2001年两个年度的发掘，共清理墓葬221座，以明清时期为主，其余涉及西汉、东汉、宋代等不同时期。[⑥] 此外，宝塔坪遗址唐宋建筑遗迹[⑦]、赵家湾墓地、擂鼓台墓地[⑧]、

[①] 吉林大学边疆考古研究中心、重庆市文物局、奉节县文物管理所：《奉节宝塔坪墓群战国、汉代墓葬发掘报告》，收录于《重庆库区考古报告集·2000卷》，科学出版社，2007年。

[②] 吉林大学边疆考古研究中心、重庆市文物局、奉节县文物管理所：《奉节宝塔坪墓群唐宋墓葬的发掘》，收录于《重庆库区考古报告集·2000卷》，科学出版社，2007年。

[③] 吉林大学边疆考古研究中心、重庆市文物局、奉节县白帝城文物管理所：《奉节宝塔坪遗址2001年汉晋墓葬发掘报告》，收录于《重庆库区考古报告集·2001卷》，2007年。吉林大学边疆考古研究中心、重庆市文物局、奉节县白帝城文物管理所：《奉节宝塔坪遗址2001年唐宋明清墓发掘报告》，《重庆库区考古报告集·2001卷》，2007年。吉林大学边疆考古研究中心、重庆市文化局、白帝城文物管理所：《奉节宝塔坪遗址2003年发掘简报》，《江汉考古》2005年第4期。

[④] 河北省文物研究所、重庆市文物局、奉节县文物管理所：《奉节莲花池墓地发掘简报》，收录于《重庆库区考古报告集·2000卷》，科学出版社，2007年。

[⑤] 吉林大学边疆考古研究中心、重庆市文物局、奉节县文物管理所：《奉节永安镇电厂北山古墓葬发掘报告》，收录于《重庆库区考古报告集·2000卷》，科学出版社，2007年。

[⑥] 重庆市文化遗产研究院、宜昌博物馆、奉节县白帝城博物馆：《奉节白马墓群2000年度发掘简报》，收录于《重庆库区考古报告集·2003卷》，2019年。

[⑦] 吉林大学边疆考古研究中心、重庆市文物局、奉节县白帝城文物管理所：《奉节宝塔坪2001年度建筑遗迹发掘报告》，收录于《重庆库区考古报告集·2001卷》，科学出版社，2007年。

[⑧] 重庆市文物考古所、西安半坡博物馆、重庆市文物局、奉节县白帝城博物馆：《奉节擂鼓台墓地发掘简报》，收录于《重庆库区考古报告集·2000卷》，科学出版社，2007年。

陈家坪遗址[①]、窑坪遗址[②]、营盘包墓地[③]、三塘崖墓群[④]、拖板崖墓群[⑤]、和尚坪遗址[⑥]、安坪遗址[⑦]、头堂包遗址[⑧]、周家坪墓地[⑨]、丰获墓地[⑩]、李家坝遗址[⑪]、鱼复浦遗址[⑫]、刘家院坝遗址[⑬]、杜家坪遗址[⑭]、白杨

---

① 洛阳市文物工作队、重庆市文物局、奉节县白帝城文物管理所：《奉节陈家坪遗址发掘简报》，收录于《重庆库区考古报告集·2000卷》，科学出版社，2007年。
② 四川省凉山州博物馆、重庆市文物局、奉节县白帝城文物管理所：《奉节窑坪遗址发掘报告》，收录于《重庆库区考古报告集·2001卷》，科学出版社，2007年。
③ 重庆市文物局、重庆市移民局：《奉节营盘包墓地》，科学出版社，2016年。
④ 2003年度三塘崖墓群为河北省文物研究所、重庆市文化局、奉节县白帝城文物管理所联合发掘，资料尚未公布。
⑤ 陕西省考古研究所、西安半坡博物馆、重庆市文物局、奉节县白帝城文物管理所：《奉节拖板崖墓群2001年发掘简报》，收录于《重庆库区考古报告集·2001卷》，科学出版社，2007年。
⑥ 吉林大学边疆考古研究中心、奉节县白帝城文物管理所：《奉节和尚坪遗址发掘报告》，收录于《重庆库区考古报告集·2002卷》，科学出版社，2010年。
⑦ 吉林大学边疆考古研究中心、重庆市文化局、奉节县白帝城文物管理所：《奉节安坪遗址发掘报告》，收录于《重庆库区考古报告集·2002卷》，科学出版社，2010年。
⑧ 吉林大学边疆考古研究中心、奉节县白帝城文物管理所：《奉节头堂包遗址发掘报告》，收录于《重庆库区考古报告集·2001卷》，2007年。
⑨ 武汉大学考古系、重庆市文化局三峡办、奉节县文物管理所：《奉节周家坪墓地》，收录于《重庆库区考古报告集·2001卷》，科学出版社，2007年。
⑩ 江西省文物考古研究所、奉节县文物管理所：《奉节丰获汉代墓地发掘报告》，收录于《重庆库区考古报告集·2002卷》，科学出版社，2010年。
⑪ 洛阳市文物工作队、重庆市文物局、奉节县白帝城文物管理所：《奉节李家坝遗址发掘简报》，收录于《重庆库区考古报告集·2001卷》，科学出版社，2007年。
⑫ 中国历史博物馆、内蒙古文物考古研究所、重庆市文物局、奉节县白帝城文物管理所：《奉节鱼复浦遗址2001年发掘报告》，收录于《重庆库区考古报告集·2001卷》，科学出版社，2007年。
⑬ 吉林大学边疆考古研究中心、奉节县白帝城文物管理所：《奉节刘家院坝遗址发掘报告》，收录于《重庆库区考古报告集·2002卷》，科学出版社，2010年。
⑭ 洛阳市文物工作队、重庆市文物局、奉节县白帝城文物管理所：《奉节杜家坪遗址发掘简报》，收录于《重庆库区考古报告集·2000卷》，科学出版社，2007年。

沟墓群①、万家嘴遗址②、千秋坊遗址③、麻柳树包遗址④、羊安渡遗址⑤、二溪沟墓地⑥、白衣庵墓群⑦等遗存的发掘，也取得了重要收获，为奉节县秦汉至明清时期的相关考古学问题的研究提供了丰富的资料，是认识峡江地古代文化面貌的重要支撑。

唐宋时期城址以永安镇宋夔州城、白帝城遗址群最为重要，均有重要的突破性考古成果。宋夔州城位于奉节旧县城所在区域，该区域2000年以来经过多次发掘，发现了大量宋以及元、明、清时期的房屋、街道等建筑遗迹，对揭示夔州古城的历史面貌具有重要的价值。白帝城遗址群在1998—2005年间连续开展了多次考古调查、勘探和发掘工作，对白帝城至永安镇沿江两岸进行了全貌调查，对上关遗址、瞿塘关遗址、白帝城遗址开展了勘探和发掘工作，取得了重要的成果。

（二）配合基本建设考古工作

2000年以前，奉节县境内的基本建设项目相对较少，与之相应的考古工作十分零星，基本以在建设过程中突发的抢救性考古发掘为主。进入21

---

① 陕西省考古研究所、西安半坡博物馆、重庆市文物局、奉节县白帝城文物管理所：《奉节白杨沟墓群2001年发掘简报》，收录于《重庆库区考古报告集·2001卷》，科学出版社，2007年。
② 洛阳市文物工作队、重庆市文物局、奉节县白帝城文物管理所：《奉节万家嘴遗址的发掘》，收录于《重庆库区考古报告集·2001卷》，科学出版社，2007年。
③ 吉林大学边疆考古研究中心、重庆市文物局、奉节县白帝城文物管理所：《奉节千秋坊遗址考古试掘报告》，收录于《重庆库区考古报告集·2001卷》，科学出版社，2007年。
④ 西安半坡博物馆考古队、重庆市文物局、奉节县白帝城文物管理所：《奉节麻柳树包遗址发掘简报》，收录于《重庆库区考古报告集·2001卷》，科学出版社，2007年。
⑤ 洛阳市第二文物工作队：《奉节羊安渡遗址1999-2000年度发掘简报》，收录于《重庆库区考古报告集·2003卷》，科学出版社，2019年。
⑥ 重庆市文化遗产研究院：《奉节二溪沟墓地2001年度发掘简报》，收录于《重庆库区考古报告集·2003卷》，科学出版社，2019年。
⑦ 重庆市文化遗产研究院、宜昌博物馆、奉节县文物管理所：《奉节白衣庵墓群2002年度发掘简报》，收录于《重庆库区考古报告集·2003卷》，科学出版社，2019年。

世纪后,配合公路、铁路以及能源等大型基本建设的考古调查、发掘工作逐渐增多,对文物保护的重视程度不断加强。据不完全统计,自2008年以来,先后开展了奉节梅溪河渡口坝水电站(2008年)、奉节九盘变电站(2009年)、奉节县工业园区(2013年)、奉节云雾山朝阳坪风电场(2013年)、奉节云雾山龙家坪风电场(2013年)、奉节华能火电厂(2013年)、奉节袁家河墓群(2014年)、奉节宝塔坪

白帝城遗址2005年发掘区

隧道及接线工程(2017年),安康至来凤国家高速公路奉节至巫山段(2019年)、奉节移民生态园草堂组团(2020年)、奉节至建始高速公路(2020年)等近20项配合基本建设的文物考古调查、发掘工作,及时抢救保护了一大批珍贵文物遗存。

三、三峡后续考古成果综述

从 2008 年至今，是三峡文物保护工作的后续完善阶段，考古工作包括两个方面的内容：一是针对奉节县三峡消落区的抢救性考古工作，二是围绕三峡后续大遗址保护工作开展的考古工作。

在消落区考古方面，2008 年 5 月至 2009 年 9 月，重庆市文物局委托重庆

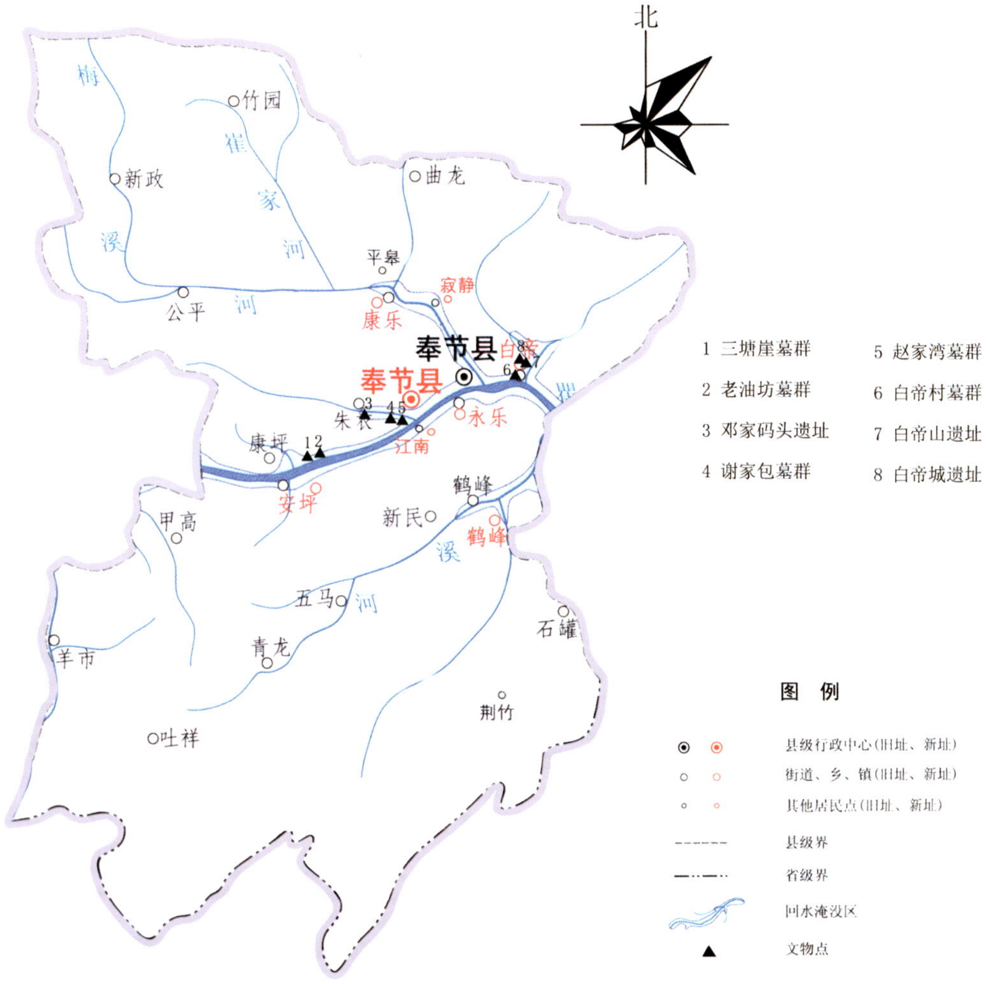

奉节县境内三峡后续考古项目位置示意图

市文化遗产研究院对包括奉节县在内的消落区地下文物进行了调查。2012年，重庆市文物局委托南京大学文化与自然遗产研究所，根据库区区县上报和复核的数据，编制了《三峡库区自然与历史文化遗产保护和完善实施规划》，规划了消落区考古发掘的任务总量和实施序列。2013年至2018年底，针对奉节县消落区地下文物点开展了抢救性发掘工作，累计发掘文物点7处，规划发掘总面积4350平方米，实际完成发掘总面积5598平方米。共清理墓葬74座，出土器物400余件（套）。墓葬的年代涵盖战国、汉至南朝、唐、明清等时期，其中战国墓葬4座，汉至南朝时期墓葬62座，唐代墓葬6座，明清时期墓葬2座。通过考古工作，最大程度地保护了地下文物，为相关考古问题的研究提供了科学的基础资料，对于充实奉节县的区域文化内涵具有重要价值。

自2012年以来，为配合白帝城遗址的保护、规划和展示工作而开展的考古工作取得了重要进展，截至2021年12月已完成发掘面积近12000平方米，是奉节县境外近年来考古工作的重要成果，对四川盆地宋元（蒙）战争期间山城防御体系的研究具有重要的价值。

奉节县境内三峡后续考古项目统计表

序号	项目编号	文物遗存	发掘年度	发掘面积（平方米）	备注
1	2013-18	三塘崖墓群	2014年	700	三峡后续消落区地下文物保护项目
2	2013-19	老油坊墓群	2014年	1000	三峡后续消落区地下文物保护项目
3	2013-20	白帝山遗址	2015年	550	三峡后续消落区地下文物保护项目
4	2013-21	白帝村墓群	2015年	350	三峡后续消落区地下文物保护项目
5	2016-03	邓家码头遗址	2016年	1000	三峡后续消落区地下文物保护项目

序号	项目编号	文物遗存	发掘年度	发掘面积（平方米）	备注
6	2016-23	谢家包墓群	2015年	973	三峡后续消落区地下文物保护项目
7	2017-05	赵家湾墓群	2015年	1025	三峡后续消落区地下文物保护项目
8	——	白帝城遗址	2014-2016、2017、2020、2021年	11693	三峡后续大遗址保护项目
合计				17291	

（一）战国时期遗存

战国时期的遗存均为墓葬，分别发现于白帝村墓群和白帝山遗址，这两处文物点均位于瞿塘峡西口、白帝城附近的消落区，处于草堂河与长江交汇地带，所在区域地势较为陡峭，墓葬分布集中，地表受江水冲刷严重，部分墓葬暴露于地表。墓葬形制均为长方形竖穴岩坑，开凿于岩石之上，墓壁规整，部分墓室底部有枕木槽。出土器物以陶器为主，器型有鼎、壶、敦、钵等，部分陶器上有红色彩绘。根据墓葬出土器物判断，这些墓葬的年代大致处于战国晚期，且具有明显的楚文化因素，对于研究峡江地区战国晚期的墓葬形制和丧葬习俗，以及这一时期楚文化的西进具有一定的参考价值。

（二）汉至南朝时期遗存

汉至南朝时期墓葬67座，在三塘崖墓群、老油坊墓群、白帝山遗址、白帝村墓群、邓家码头遗址、谢家包墓群、赵家湾墓群等文物点都有分布。从考古发现来看，墓葬形制以崖墓为主，另有砖室墓、石室墓等。墓葬基本由墓道和墓室两部分组成，其平面形状主要有"刀"形、"凸"字形、长方形等三种。出土器物有陶、铜、铁、瓷、琉璃等不同质地。其中以陶器为主，有俑、罐、壶、钵、仓、甑、盆、筒瓦、灶、碗、盘、盏、器盖等多种器类；其他质地的器物有瓷罐、铜钱、铜耳杯、铜勺、铜碗、铁釜、铁锸、铁带钩、铁剪刀、琉璃耳珰等。汉至南朝时期墓葬是奉节县消落区发掘数量最多的遗迹，大多暴露于地表，被盗扰严重。这一时期的崖墓、石室墓、砖室墓也是重庆库区分布众多的墓葬遗迹，具有普遍性和一致性，对于汉至南朝时期墓葬的发展传承、形制结构、丧葬习俗以及社会生产生活等问题的研究具有重要的价值，为峡江地区这一时期丧葬文化的研究提供了丰富的基础资料。

（三）唐至明清遗存

唐代至明清时期的遗存包括墓葬和城址。唐代墓葬6座，分布于白帝村墓群和白帝山遗址2处文物点，处于瞿塘峡口、白帝城附近的消落区，分布较为集中。墓葬的形制也比较一致，均为土洞墓，与该地区汉至南朝时期普遍存在的崖墓有较大的区别。土洞墓的规模普遍较小，以墓室为主体，平面呈长方形，墓室顶部呈拱形，个别墓葬侧壁和后壁残存有壁龛，墓室底部平整。因墓葬被破坏严重，出土器物较少，有铜钱、铁钉等。已发现的唐代墓葬集中分布在瞿塘峡西口，在一定程度上反映了该区域在唐代曾是一个人口聚居区，为研究该地区的历史沿革、社会生活等提供了基础资料，对唐代墓葬的形制结构和丧葬习俗的研究具有重要的参考价值。明清时期的墓葬2座，分别发现于白帝山遗址和谢家包墓群，墓葬形制均为竖穴土坑墓，平面呈长方形，周壁平直，底部平整。其中谢家包墓群的墓葬保存较好，墓室还保存有一具人骨架，下方可见棺板痕迹，人头一侧的棺板外放置一个瓷罐，罐口上覆盖一块青砖。白帝山遗址的墓葬被严重破坏，仅存少部分墓圹，未见出土物。明清时期的墓葬发现较少，形制简单，随葬品较少，对研究这一区域明清时期的丧葬习俗具有一定的参考价值。

城址为白帝城遗址，遗址的主体为宋元（蒙）战争期间的宋代城址，发掘有城墙、城门、房址、道路等诸多类型的遗迹，出土有陶、瓷、铁、铜等质地生产生活用具和武器等遗物。此外，白帝城遗址还包含有战国、汉、六朝以及明清时期的遗存。白帝城遗址是重庆地区典型的山城遗址，遗址面积大、延续时间长、内涵丰富，具有突出的历史与社会价值。

经过多年度的工作，奉节县的三峡后续考古取得了多方面的成果。一是在消落区考古中发现的大批墓葬对研究奉节乃至峡江地区历史时期的墓葬形制结构和丧葬习俗的发展演变具有重要的价值。战国时期的墓葬形制以竖穴岩坑墓为主,这种形制延续到西汉;而东汉时期的墓葬形制有了较大的变化,多为崖墓、砖室墓和石室墓,这种形制结构延续到南朝时期。至唐代,演变成以土(岩)洞墓为主的形制类型,这种变化既有唐代流行的洞室墓的影响,也有对汉至南朝时期崖墓形制的继承。二是在奉节县东部的瞿塘峡西口,白帝城所处的区域集中分布有战国、汉至南朝、唐以及明清等多个时期的墓葬,这一现象反映了该区域长久以来都是重要的人口聚居区,表明了该区域优越的地理位置及其在历史上的重要地位,符合该区域在不同历史时期都具有的重要的政治、经济、军事功能。三是白帝城是南宋时期宋元(蒙)战争期间山城防御体系的重要组成部分,其所处的瞿塘峡西口具有重要的战略地位,自古以来为兵家必争之地,是控制三峡通道的重要据点,先后为捍关、江关、白帝城、夔州都督府、夔州路、瞿塘关等军事堡垒性质的重镇所在地,历年来围绕白帝城遗址开展的考古工作廓清了南宋白帝城的空间格局,明确了"城连城、城中城、城外城"的多重城防布局,是认识与研究宋元(蒙)山城防御体系的重要实物依据。

四、三峡后续代表性考古发现

(一)白帝山遗址

白帝山遗址位于奉节县夔门街道瞿塘峡社区三社,地处草堂河与长江交汇处的消落区,与白帝城相邻,地势较陡,地表被江水冲刷严重。2015年,重庆市文化遗产研究院对该遗址进行了发掘,发掘面积500平方米,共清理墓葬5座,其中,战国竖穴墓土坑2座,汉至六朝时期砖室墓1座,唐代崖洞墓1座,清代竖穴土坑墓1座。墓葬均遭到一定程度的破坏,出土器物有陶壶、陶敦、陶鼎、陶钵、铜钱、铁锸、墓砖等。

白帝山遗址周边环境

竖穴土坑墓枕木槽（战国）

竖穴土坑墓（战国）

白帝山遗址所处的区域位于瞿塘峡西口，不同历史时期的文物分布众多。白帝山遗址的发掘进一步充实了该区域的历史文化内涵，为相关历史与考古研究增添了新的资料，尤其是对于区域内不同时期的丧葬习俗、墓葬形制具有一定的研究价值。

（二）赵家湾墓群

赵家湾墓群位于奉节县朱衣镇口前村二社，地处长江北岸的消落区，地势陡峭，地表受江水冲刷严重，大部分山体岩石裸露。2015年，重庆市文化遗产研究院联合中国人民大学对该遗址进行了发掘，发掘面积1025平方米，共清理墓葬14座，时代均为汉至六朝时期。墓葬类型，除1座砖室墓外，其

墓室及随葬品（汉至六朝）

墓室及随葬品（汉至六朝）

赵家湾墓群近景

崖墓墓道及墓门（汉至六朝）　　　　　崖墓墓室结构（汉至六朝）

余均为崖墓。崖墓平面大致呈"刀"形或"凸"字形，多由斜坡墓道、墓室组成，墓室顶部均呈拱形。砖室墓残存墓室和甬道。墓葬中共出土陶、瓷、铜、铁等不同质地的器物169件，陶器有鼎、罐、壶、钵、盏、盘、碗、耳杯、案、豆、灶、甑、釜、井、仓、灯、器盖、侍俑、镇墓兽、鸡、猪、羊等，瓷器有青瓷碗、青瓷虎子等，铜器有弩机、铜镜、铜钱等，铁器有带钩、刀等。

赵家湾墓群的时代集中于汉至六朝时期，为这一时期墓葬形制结构、丧葬习俗、墓地选址等相关问题提供了丰富的资料，对峡江地区汉至六朝时期墓葬的研究具有重要的价值。

（三）老油坊墓群

老油坊墓群位于奉节县朱衣镇仙女村六社，地处长江北岸的消落区，与安坪镇隔江相望，地表受江水冲刷严重，山体岩石完全裸露。2014年，

老油坊墓地远景

重庆市文化遗产研究院对该墓群进行了发掘，发掘面积1000平方米，清理墓葬9座，包括7座崖墓、1座砖室墓、1座石室墓，均为汉至六朝时期墓葬。墓葬被破坏严重，出土器物主要有罐、钵、盆、碗、勺、筒瓦、管道、砖等，另有较多的铜钱出土。

老油坊墓群这批墓葬的发现，为研究汉至六朝时期这一区域墓葬的形制结构及其演变、丧葬习俗等相关问题提供了基础资料。

崖墓墓道及排水设施（汉至六朝）

石室墓（汉至六朝）

崖墓墓门及墓道（汉至六朝）

崖墓墓门及墓道（汉至六朝）

崖墓封门（汉至六朝）

（四）邓家码头遗址

邓家码头遗址位于奉节县安坪镇藕塘村，地处长江南岸的消落区，地势较为陡峭，地表受江水冲刷严重，山体岩石裸露地表。2016年，重庆市文化遗产研究院联合中国人民大学对该遗址进行了发掘，发掘面积1000平方米，清理汉至六朝时期墓葬16座，其中15座为崖墓，1座为土洞墓。崖墓在形制上可进一步划分为长方形、"凸"字形和"刀"形等三种类型，墓葬均由墓道和墓室两部分组成。土洞墓为长方形，

崖墓墓道及墓室（汉至六朝）

邓家码头遗址远景及周边环境

崖墓墓室（汉至六朝）

崖墓墓室（汉至六朝）

墓室局部（汉至六朝）

墓室局部（汉至六朝）

由墓道、甬道和墓室组成。墓葬破坏严重，共出土陶、铁、铜等不同质地的器物63件，陶器主要有罐、俑、钵、博山炉、壶、器盖、勺、灶等。

邓家码头遗址的墓葬数量多，以崖墓为主，突出反映了这一区域的墓葬结构特征，为汉至六朝时期奉节境内乃至峡江地区崖墓形制结构、丧葬习俗等相关问题的研究提供了丰富的基础资料。

（五）白帝城遗址

白帝城遗址位于奉节县夔门街道瞿塘峡社区、白帝镇紫阳村，地处瞿塘峡西口长江北岸的山地，东邻草堂河，南临长江，西北接鸡公山卧龙岭，西、北两侧分别以谭家沟、头溪沟为界。地处夔门西口的奉节白帝城为宋元（蒙）战争山城防御体系西线的重要门户，被誉为宋元（蒙）战争山城防御体系"蜀

白帝城遗址地貌环境

中八柱"之一,视为"蔽吴之根本"。白帝城遗址由子阳城遗址、下关城遗址、瞿塘关遗址、擂鼓台遗址、瞿塘关烽火台等数个遗址共同组成。其中,子阳城遗址于2009年被公布为重庆市第二批市级文物保护单位。2019年,白帝城遗址入选第八批全国重点文物保护单位。

　　白帝城遗址的考古工作始于20世纪70年代,既往工作进程大致可以分为三个阶段。第一阶段是1970—1998年三峡工程淹没及迁建区文物保护工作筹备时期,四川省文物考古所、吉林大学、重庆市博物馆、白帝城文管所等单位在白帝城范围开展了调查和小规模发掘。第二阶段是1998—2005年三峡工程淹没及迁建区文物保护工作实施时期,重庆市文物考古所以三峡文物保护为契机,围绕白帝城范围内开展山城防御体系的考古工作,先后对白帝城至永安镇(老县城)沿江两岸开展了全面调查,并对上关遗址、瞿塘关遗址、白帝城遗址开展了10次考古发掘，完成调查面积约30平方公里，勘探面积50万平方米，发掘面积18000余平方米，发现了城门、城墙、重要建筑群及墓葬等大量遗迹。第三阶段是2014年至2016年为配合白帝城遗址保护利用总体规划的编制，重庆市文化遗产研究院、中山大学、荆州博物馆、奉节县白帝城文管所等单位对白帝城175米水位线以上区域开展了考古调查、测绘和发掘工作，完成发掘面积3000余平方米，清理和出土了一批重要的城防遗迹和遗物。

随着配合三峡后续白帝城遗址公园建设的考古工作全面启动，截至2021年12月，重庆市文化遗产研究院先后在2017、2020和2021年开展了三次大规模考古发掘，累计完成考古发掘8600余平方米。经过多年的考古工作，基本廓清了宋元（蒙）战争时期白帝城遗址的城垣布局结构，实证了自汉代以来白帝城的整体面貌与历史变迁。

2017年的考古工作主要围绕子阳城开展考古勘探和发掘，清理遗迹20处，以南宋城防设施为主，包括城墙6处、城门2处（含瓮城门1处）、房址2处、

白帝城遗址全景

白帝山全景

擂鼓台全景

敌台1处、兵器埋藏坑1处、排水沟4处、道路1处，以及明清时期道路、墙体、护坡墙基各1处。出土器物标本330余件（套），包含陶、瓷、铜、铁、石、骨诸类，时代涵盖汉至六朝、南宋、明清等多个时期，尤以南宋时期的各类兵器较为丰富，包括铁雷、铁箭镞、铁矛、铁镦、铁兵器构件、铜弩机、礌石等。通过本次工作，掌握了子阳城遗址文物遗存的现状、整体布局和文化内涵，厘清了子阳城始建于东汉，南宋逐年修建、拓展而成，1278年降元后废弃，明清时期再次沿用的历史演变过程，揭露了一批以城墙、城门、敌台、兵器埋藏坑为代表的南宋城防设施，获取了宋蒙（元）战争时期冷热兵器共存的实物证据，为研究南宋火药武器的应用、中国火药史及火器史等方面提供了重要依据。

樊家台城墙（南宋）

北城墙（南宋）

皇殿台瓮城（南宋）

关山口一字城墙（南宋）

2020年，重庆市文化遗产研究院联合中山大学对皇殿台、中间台两处地点进行了考古发掘，清理发现城门、城墙、高台、房址、道路、灰坑、柱洞、柱础坑、基槽等各类遗迹132处，出土大量板瓦、筒瓦、瓦当、滴水、脊饰等建筑材料，获取了不同时期建筑遗存依次叠压的地层关系，确认了子阳城遗址东汉始建、六朝沿用、晚唐五代筑台、南宋拓展的历史演变过程，建立了子阳城遗址的年代序列，为探讨历代白帝城的空间变迁提供了重要的实物资料。皇殿台、中间台两座南宋高台的发掘，基本廓清了高台的布局，确认皇殿台为内台城和外瓮城的结构，布局完整，表明子阳城内各高台均为据险设防的台城，遗址军事功能突出，进一步深化了对南宋白帝城的城防布局和攻防体系的认知。

2021年围绕土寨子、圆通寺、陈家包等3处地点开展考古工作。在土寨

皇殿台瓮城城门（南宋）

大北门城门（南宋）

堰塘坪城墙及附属墩台（南宋）

子地点，清理发掘东汉中晚期墓葬 12 座，墓葬排列整齐，形制为竖穴岩坑砖室墓和石室墓两类，平面形状包括"凸"字形和刀把形两种，这批墓葬的发现进一步充实了白帝城大遗址的文化内涵；在圆通寺地点，清理南宋时

城壕远景

期马面1座，基址平面呈外凸圆弧形，底部依山就势逐级内收构筑护坡墙，顶部设置有内墙、女墙等附属设施，是宋元（蒙）战争时期川渝山地城防设施营造的重要例证；在陈家包地点，考古发掘揭露了一座三面高台围护、中轴线带甬道的两进院落基址，是目前白帝城遗址内已发现规模最大的明代建筑基址，与文献记载中明代瞿塘卫右千户所联系紧密，具有重要的学术研究价值和展示利用价值。

大北门道路（南宋）

樊家台兵器坑（南宋）

小北门建筑基址（南宋）

小北门及建筑基址群（南宋）

擂鼓台城墙（南宋）

擂鼓台一字城墙（南宋）

瞿塘峡社区段城墙（南宋）

白帝山城门（南宋）

瞿塘关烽火台（南宋）

陶鼎

白帝山遗址出土
战国

陶敦

白帝山遗址出土
战国

陶鼎

白帝山遗址出土
战国

陶壶

白帝山遗址出土
战国

陶壶

白帝山遗址出土
战国

陶罐

老油坊墓地出土
东汉

陶罐

赵家湾墓群出土
东汉

陶罐

三塘崖墓群出土
东汉

陶罐

三塘崖墓群出土
东汉

陶罐

三塘崖墓群出土
东汉

陶罐

三塘崖墓群出土
东汉

陶罐

邓家码头遗址出土
东汉

陶罐

谢家包墓群出土
东汉

釉陶壶

谢家包墓群出土
东汉

陶罐

三塘崖墓群出土
东汉

釉陶壶

谢家包墓群出土
东汉

釉陶壶

谢家包墓群出土
东汉

陶壶

赵家湾墓群出土
东汉

陶壶

赵家湾墓群出土
东汉

陶壶

邓家码头遗址出土
东汉

陶仓

谢家包墓群出土
东汉

陶仓

谢家包墓群出土
东汉

陶壶

三塘崖墓群出土
东汉

陶仓

三塘崖墓群出土
东汉

陶盆

三塘崖墓群出土
东汉

陶钵

三塘崖墓群出土
东汉

釉陶釜

谢家包墓群出土
东汉

陶釜

赵家湾墓群出土
东汉

釉陶釜

谢家包墓群出土
东汉

陶釜

赵家湾墓群出土
东汉

陶甂

谢家包墓群出土
东汉

陶甂

赵家湾墓群出土
东汉

陶杯

谢家包墓群出土
东汉

陶魁

谢家包墓群出土
东汉

釉陶魁

谢家包墓群出土
东汉

陶魁

赵家湾墓群出土
东汉

陶器盖

谢家包墓群出土
东汉

釉陶器盖

谢家包墓群出土
东汉

陶楼

谢家包墓群出土
东汉

陶房

谢家包墓群出土　　东汉

陶房

谢家包墓群出土　　东汉

陶灶和陶釜

谢家包墓群出土
东汉

陶吹箫俑

谢家包墓群出土
东汉

陶庖厨俑

谢家包墓群出土
东汉

陶抚琴俑

谢家包墓群出土
东汉

陶提囊俑

谢家包墓群出土
东汉

陶舞蹈俑

谢家包墓群出土
东汉

陶俑

谢家包墓群出土
东汉

陶兽俑

赵家湾墓群出土
东汉

陶狗

谢家包墓群出土
东汉

陶猪

谢家包墓群出土
东汉

陶鸭

赵家湾墓群出土
东汉

陶鸡

谢家包墓群出土
东汉

铜耳杯

谢家包墓群出土
东汉

铜餐具组合

谢家包墓群出土
东汉

铜镜

赵家湾墓群出土
东汉

铜弩机

赵家湾墓群出土
东汉

陶俑

赵家湾墓群出土
六朝

陶仓

赵家湾墓群出土
六朝

釉陶杯

谢家包墓群出土
六朝

釉陶灯

谢家包墓群出土
六朝

釉陶钵

谢家包墓群出土
六朝

瓷虎子

赵家湾墓群出土
六朝

釉陶器盖

谢家包墓群出土
六朝

陶塘

赵家湾墓群出土
六朝

釉陶灯

谢家包墓群出土
六朝

釉陶器盖

谢家包墓群出土
六朝

釉陶器盖

谢家包墓群出土
六朝

釉陶勺

谢家包墓群出土
六朝

釉陶勺

谢家包墓群出土
六朝

铁镞

白帝城遗址出土
南宋

铁镞

白帝城遗址出土
南宋

铜镞

白帝城遗址出土
南宋

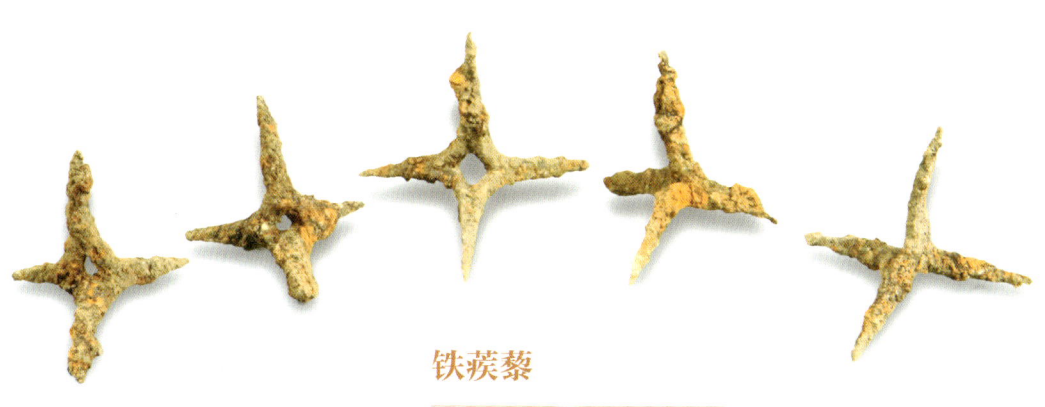

铁蒺藜

白帝城遗址出土　　南宋

铁火砲

白帝城遗址出土
南宋

铁火砲

白帝城遗址出土
南宋

铁夯头

白帝城遗址出土
南宋

铜镞

白帝城遗址出土
南宋

淳祐通宝

白帝城遗址出土
南宋

云阳篇

一、县域概况

（一）地理环境

云阳县位于重庆东北部，距重庆主城区310公里，是三峡库区生态经济区沿江经济走廊承东启西、南引北联的重要枢纽。其东与奉节县相连，西与万州区相接，南与湖北省利川市相邻，北与开州区、巫溪县为界，地处东经108°24′～109°14′，北纬30°35′～31°26′之间，东西宽70.2公里，南北长99.5公里，面积3649平方公里。截至2012年底，云阳县辖29个镇、9个乡、4个街道，总人口134.46万人。

云阳县地处华蓥山—方斗山弧形褶皱体系和大巴山断褶皱带，地质构造以褶皱为主，断裂规模很小。地形近似以东南西北为顶点的菱形，南、北高，中部底，由南、北向中间倾斜。长江由西向东中分县境，岭谷地貌明显，以山地为主，兼有谷、丘，山高、谷深、坡陡，群山巍峨，呈现出"一山二岭一槽""一山三岭两槽"或"一山一岭、岭谷交错"的地貌特征。境内海拔最高1809米（农坝镇云峰山野猪槽包），最低139米（长江出境处）。

云阳县水资源由境内径流、地下水和外来客水三部分组成。地域内溪河属长江流域水系分区中的长江干流区即长干水系。主要溪河流域除长江外，还有彭溪河、长滩河、汤溪河、磨刀溪河等，总长435.3千米。

云阳县土地总面积为364795.62公顷，其中，农用地274397.82公顷。野生植物有2000多个品种。矿产主要有岩盐、天然气、煤、石灰石、粉石英等。气候属中亚热带季风气候区，日照充足，夏季炎热，冬季暖和，多伏旱，多秋雨，立体气候特征显著，年平均气温18.4℃，年平均降水量1100.1毫米。

（二）历史沿革

东周赧王元年（公元前314年），秦灭巴国，置巴郡，在云阳地域建县名"朐忍"，是为建县之始。

东汉，献帝兴平二年（公元195年）属永宁郡，建安六年（公元201年）隶巴东郡，建安二十一年（公元216年）改隶固陵郡。

三国时期，蜀汉章武元年（公元221）属巴东郡。

两晋南北朝时期，西晋和宋、齐、梁、西魏，朐忍县名、隶属未变；北周天和三年（公元568年），更名为"云安"。

隋朝，开皇三年（公元583年）隶信州，大业三年（公元607年）隶巴东郡。

唐代，武德元年（公元618年）复隶信州；武德二年（公元619年）改隶夔州；天宝元年（公元742年）废夔州置云安郡，后废云安郡复夔州；贞元元年（公元785年）在云安盐场设云安监。

宋代，开宝六年（公元973年），云安县升云安军，领云安县、云安监；熙宁四年（公元1071年）撤云安监，置安义县；熙宁八年（公元1075年），撤安义县，并入云安县；后废云安军、云安县。

元朝，至元十五年（公元1278年），复置云安军；至元二十年（公元1283年）省县入军，军改为州，名"云阳州"，属夔州路。

明代，洪武四年（公元1371年），州隶夔府；洪武六年（公元1373年）十二月，州降为县，始为"云阳县"（以地两山夹江，四时多云，而邑当山水之阳，故名云阳），属夔州；洪武九年（公元1376年）隶重庆府；洪武十四年（公元1381年）属夔州府。

清朝，沿袭明制。

民国时期，1917年起，先为国民革命军20军防地，后为国民革命军21军防地；1935年实行新县制，隶四川省第九行政督察区万县专员公署。

中华人民共和国成立后，1949年12月16日成立云阳县人民政府，隶万县地区专员公署；1955年1月，更名为"云阳县人民委员会"；1955年5月，属万县专员公署；1969年10月，更称"云阳县革命委员会"，隶万县地区革命委员会；1981年4月恢复"云阳县人民政府"称谓，属万县地区行政公署；1992年12月，改属万县市；1997年6月18日，重庆成为直辖市，云阳改由万州移民开发区代管；2000年7月14日，由直辖市重庆直管。

（三）文物资源

云阳县历史悠久、文化底蕴深厚，根据第三次全国文物普查统计，县域内现有不可移动文物1194处，包含古遗址28处、古墓葬1020处、古建筑68处、石窟寺及石刻47处、近现代重要史迹及代表性建筑30处、其他遗迹1处。现有全国重点文物保护单位2处、重庆市文物保护单位9处、县级文物保护单位34处。根据重庆市三峡库区历史文化遗产资源调查数据，云阳县国有文物收藏机构保管的可移动文物数量总数为23487件（套）。

二、既往考古工作简述

云阳县境内的考古工作起步较晚。作为地处三峡库区腹地的文物大县，其各方面的考古工作与三峡工程建设密不可分，1958年开展的三峡库区长江沿岸文物调查开启了云阳县科学考古工作的新局面，自此以后，配合三峡工程建设始终是云阳县文物与考古工作的核心。

（一）三峡工程文物保护考古工作

1958—1996年，主要以调查和零星试掘为主。1958年长江流域规划办公室曾组织对三峡地区长江沿岸进行了一次文物调查。① 60年代初，在文化部文物局的部署下，四川省对包括云阳县在内的全省各市县进行了第一次文物普查。70年代初，长江流域规划办公室、重庆市博物馆等对沿江历代洪枯水题记进行了一次专题调查，其成果编入《四川两千年来洪灾史料》一书。1985—1987年，云阳县开展第二次全国文物普查，对全县范围内的文物做了较为详细的普查，确认不可移动文物点45处。1992年为配合三峡工程建设，四川省文物考古所和省文管会对云阳县境再次进行调查工作，新发现遗址12处、墓群15处、古井3处。1993年11月，四川省文物考古研究所组织队伍

---

① 四川省博物馆：《川东长江沿岸新石器时代遗址调查简报》，《考古》1959年第8期。

对云阳县李家坝遗址进行试掘，发现了一批重要的商周至汉代遗存。1993年末至1994年夏，四川大学历史系对海拔177米以下的水库淹没区及其以上的城镇新搬迁区再次做了复查和调查，除对以往的发现进行确认以外，新发现遗址2处、墓群8处，同时对李家坝、明月坝等遗址进行了小面积的发掘。1994—1995年，国家地震局地球物理研究所、中国科学院地球物理研究所、四川大学等单位联合对位于云阳县故陵镇帽盒岭故陵楚墓进行了考古物探工作。1995年5月，四川省文物考古研究所对移民迁建区的文物进行了调查，发现和确认地下文物6处、地面文物2处。经过全县文物普查和为配合三峡工程建设的专项文物调查工作，截至1995年5月，云阳全境共发现各类文物点145处。

1997年，随着三峡工程文物保护工作的全面启动，云阳县考古工作如火如荼地开展起来，这一时期的考古勘探面积、文物点发掘数量、考古发掘面积以及出土器物数量等均得到很大幅度的增长。四川大学历史文化学院、黑龙江省文物考古研究所、中国国家博物馆、吉林省文物考古研究所、郑州市文物考古研究所等众多科研机构开展了大量文物调查和发掘工作，使地下淹没区和迁建区地下文物得到了及时的保护，并取得了丰硕的成果。

通过三峡文物保护工作，云阳县各时期的文化遗存得以大面积揭露，一批内涵丰富、延续时间长、规模大的文化遗存被世人所知。商周时期文化遗存是这一时期揭露出的时代较早的考古遗存。经正式发掘的有东洋（阳）子遗址[①]、李家坝遗址[②]、伍家湾遗址[③]、马沱墓地[④]等。东洋（阳）子遗址是

---

① 四川大学历史文化学院考古系、云阳县文物管理所：《云阳东洋子遗址考古勘探发掘报告》，收录于《重庆库区考古报告集·1997卷》，科学出版社，2001年。
② 四川大学历史文化学院考古系、云阳县文物管理所：《云阳李家坝遗址发掘报告》，收录于《重庆库区考古报告集·1997卷》，科学出版社，2001年。
③ 内蒙古文物考古研究所、包头市文物管理处、重庆市文物局：《云阳伍家湾遗址2001年度发掘报告》，收录于《重庆库区考古报告集·2001卷》，科学出版社，2007年。
④ 郑州市文物考古研究所、重庆市文物局、云阳县文物管理所：《云阳马沱墓地2001年度发掘报告》，收录于《重庆库区考古报告集·2001卷》，科学出版社，2007年。

三峡工程重庆库区地下文物保护抢救发掘的A级项目，1995年曾由四川省文物考古研究所进行了前期规划调查。1997年四川大学历史文化学院对该遗址进行了全面田野勘探和区域发掘工作，勘探总面积近7万平方米，发掘面积600平方米。其出土陶器以夹砂红褐陶为主，器型可见有长江三峡地区商周遗存常见的"花边口沿器"类的鬲、甗、罐等及泥质陶系的豆、钵、罐等，它们是该遗址相对早期时段的代表遗存。李家坝遗址发现了巴文化时期的大批墓葬、灰坑、房屋等遗迹。文化遗存大致可分为两期三段。第一期年代大致为商代晚期至西周；第二期前段年代约当春秋至春秋战国之交，后段年代为战国至西汉初年。李家坝遗址商周至汉初遗存内涵丰富、延续时间长，虽然不断受到蜀文化、楚文化以及战国晚期秦文化的强烈影响，但其文化发展延续一脉相承，并未中断。已发现的墓葬随葬器物文化内涵十分丰富，显示出多种文化交流融合的文化特征，部分墓葬有殉人、殉头现象，为战国时期巴人实行人牲人殉制度提供了重要实证。李家坝遗址作为巴人族群分布在彭溪

李家坝遗址发掘区全景

河流域的一个区域性中心，是继涪陵小田溪遗址之后，巴文化领域的又一重要考古发现，对探索巴文化的历史面貌、巴蜀文化及楚文化的交融等问题具有重要意义。伍家湾遗址地处长江一级台地，与磐石镇张飞庙新址隔江相望。2001年内蒙古文物考古研究所对其进行了考古发掘，勘探面积4000平方米，发掘面积1006平方米。出土有夹砂褐陶绳纹侈口罐、泥质黑陶磨光豆、小底大口罐及褐陶夹砂素面壶等为代表的器物组合，另出土有大量石质切割器及石斧，体现了伍家湾遗址商周时期独特的文化面貌。

春秋战国时期文化遗存以墓葬为主，经考古发掘的有故陵楚墓①、营盘包墓群②等。故陵楚墓位于长江右岸帽盒岭，《水经注》有"江侧有六大坟，庾仲雍曰：楚都丹阳所葬，亦犹积之巴陵矣，故以故陵为名也"的记载，故曾一度被认为楚国早期王陵所在之处。从1994年开始，国内外的遥感勘探部门利用物探、化探方法进行了多次但结果并不一致的勘探。为了印证文献记载和现代科技在考古勘探中的应用结果，从1998年起进行了比较全面的勘探和发掘，清理发现了4座战国墓。墓葬的结构和陶器组合属典型的楚文化墓葬，而部分青铜兵器具有鲜明的巴文化特征，反映了战国时期巴、楚文化的密切联系和相互影响。根据发掘情况判断，基本排除了故陵楚墓为早期楚王陵的可能。但可以肯定的是，至少从战国时期起，这里就是一处比较有规模的墓葬区。2003年，在故陵镇平扎营墓群发现四座大型楚墓，其中M3通长约24米，墓室宽8米、深10米，有陪葬坑、台阶式墓道、二层台、殉人现象。未被盗掘的M9、M3陪葬坑出土成对的鼎、敦、壶等铜器，并出土玉器近100件（套）③。从墓葬形制、规模及出土器物判断，该墓地应为战国中期楚国贵族墓地，可能与"楚故陵"有着重要联系。营盘包墓群位于云阳巴

---

① 中国历史博物馆故陵考古队、云阳县文物管理所：《云阳故陵楚墓发掘报告》，收录于《重庆库区考古报告集·1998卷》，科学出版社，2003年。
② 福建省博物馆、云阳县文物管理所：《云阳营盘包墓群发掘报告》，收录于《重庆库区考古报告集·2002卷》，科学出版社，2010年。
③ 重庆市文物考古所：《云阳平扎营墓群2003年发掘完工报告》（重庆市文物局三峡办资料室）。

阳镇巴阳村四组江边二级阶地上，2002年福建省博物馆对其进行了勘探和发掘工作，勘探面积1万平方米，发掘面积3065平方米，共清理战国至汉代墓葬44座，出土器物近300件（套）。通过勘探和发掘工作，对墓群的分布状况和文化内涵有了较全面的认识，为研究峡江地区古代文化特别是战国至东汉时期葬制葬俗等方面提供了重要的实物资料。马沱墓地于1984年由四川省文物普查时发现并定名。2001、2002年郑州市文物考古研究所对其进行了勘探及发掘工作，共完成20万平方米勘探及2500平方米发掘任务，清理东周、汉至南朝墓葬54座，出土器物1100余件（套）。其中东周墓葬为典型的楚墓，均为长方形竖穴墓，墓底棺椁下一般垫有横木，陶器为泥质黑皮陶，且多装饰有彩绘图案，基本器物组合为鼎、敦、壶，且多成对出土，墓葬中多随葬青铜兵器，与湖北地区春秋战国时期楚墓特征基本一致。

汉至南朝时期文化遗存十分丰富，经正式发掘的除旧县坪遗址[①]、云安盐场遗址外，基本以墓地为主，如张家嘴墓群[②]、打望包墓地[③]等。旧县坪遗址坐落在长江左岸的开阔的台地上，该遗址历经7年的连续发掘，借助考古学手段印证了学术界有关朐忍县址位于"旧县坪"的学术推想。通过考古发掘确认了遗址主体文化堆积包括东周晚期、两汉、南朝、宋元四个时期的遗存，其中以两汉时期遗存最为丰富，发现大量的灰坑、灰沟、房址、墙基等遗迹，出土了大量生活类遗物。而水渠等公共设施的发现，从侧面证明了汉至南朝时期旧县坪遗址中城镇的存在。随着考古工作的进行，相继出土有带有"朐"字刻款的汉代陶碗、"君"字封泥、记事木牍、景云碑等重要遗物，进一步以实物印证了遗址应为历史上的朐忍县治所在地。遗址现存面积约1平方公里，西周晚期开始有人群活动，战国时期聚落扩大，汉代筑城，南朝遗存叠压在

---

① 黑龙江省文物考古研究所：《云阳县旧县坪遗址发掘报告》，收录于《重庆库区考古报告集·1998卷》，科学出版社，2003年。
② 西安半坡博物馆、云阳县文物管理所：《云阳张家嘴墓群发掘简报》，收录于《重庆库区考古报告集·2002卷》，科学出版社，2010年。
③ 南京大学历史系、重庆市文物局、云阳县文物管理所：《云阳打望包墓地发掘报告》，收录于《重庆库区考古报告集·2002卷》，科学出版社，2010年。

汉代遗存之上，遍布全城。《汉书·地理志》《太平寰宇记》等记载，秦设巴郡、汉设盐官均有朐忍县，北周武帝天和三年（568年）迁治于汤溪河口，改为云安县。旧县坪遗址作为汉晋朐忍县治历时

旧县坪遗址2000年发掘区全景

800余年，与史载相符。发掘表明，南朝以后旧县坪遗址至少经历了两次大规模地质滑坡，导致遗址大部分被湮埋。这或许是朐忍易治、改名的重要原因。

云阳云安盐场遗址位于长江支流汤溪河两岸台地上，遗址规模庞大，是一处汉代至明清的盐场遗址，延续使用到中华人民共和国成立初期。这是峡江地区发现的为数不多的早期盐业遗址，从汉代开始一直就没有间断。盐业是中国古代有着特殊影响的行业，云安盐场在中国盐业发展史上有重要地位，对于三峡地区古代经济与社会具有重要影响。张家嘴墓群位于云阳县双江镇复兴村六组长江北岸的二级台地上，2002年西安半坡博物馆对其进行了发掘，发掘面积2000平方米，清理汉代墓葬20座，出土器物230余件。从张家嘴墓群墓地规格来推测，其或与旧县坪遗址有一定的关系，并与马沱墓群共同构成了汉朐忍县的墓葬区，两处墓群发现汉晋墓葬数百座，墓地延续时间长、出土文物丰富，发展序列完整，在峡江地区同时期的墓葬研究中，具有重要的标尺意义。打望包墓地地处云阳县双江镇群益村14队沿江地带，2002年南京大学历史系对其进行了钻探及发掘，钻探面积近6万平方米，共清理汉至魏晋墓葬11座，出土器物近150件。除收获一批较重要的文物外，对墓地的

分布规律、时代演变等方面的研究具有一定参考价值。

唐宋至明清时期文化遗存经正式发掘的有明月坝遗址、佘家嘴遗址[①]等，另龙安遗址、伍家湾遗址等也发现较多该时期文化遗物。明月坝遗址位于云阳县高阳镇走马村，地处彭溪河南岸台地之上。2000—2003年，四川大学考古专业对明月坝遗址进行了数万平方米的大规模揭露，清理唐宋时期各类建筑80余座、市镇道路20条、码头2个、墓葬80余座，出土以佛教造像、建筑构件、瓷器为主的各类生活遗物万余件。[②]发掘结果表明，明月坝遗址为初唐至北宋中期的市镇遗址，经历了从草市到市镇的不同发展阶段，在中晚唐时期形成了以"丁"字型布局为基础的开放型市镇。建筑规整的民居、多进院落式衙署、四合院式寺庙等高规格建筑以及商用店肆、制铁作坊的出现，各种文具、青铜带具、博具的出土，尤其是涂山窑、湖田窑、龙泉窑、耀州窑、长沙窑等南北方著名窑口瓷器的大量出土，见证了明月坝遗址作为这一时期重要市镇的繁荣。北宋中期以后，受洪水、河道变迁的影响，明月坝市镇中心逐渐转移。至明代，原市镇中心逐步废弃，被平整成为一块近4000平方米的集市广场。以明月坝遗址为代表的早期市镇遗存的发现，弥补了三峡重庆库区历史时期城镇聚落发掘与研究几近空白的状态。佘家嘴遗址位于云阳巴阳镇巴阳村长江左岸一、二级台地上，发现有商周延续至明清时期的文化遗存，其中唐宋元明时期文化堆积较厚，出土大量唐宋时期典型器物，对于研究峡江地区唐宋元明时期社会经济及水上交通发展等具有重要的学术价值。另外该遗址发现有规模较大的房址和具有地方特色的窑址，在峡江地区较为少见，进一步充实了三峡地区制瓷手工业的考古资料。

（二）配合基本建设考古工作

相较于三峡工程文物保护，云阳县境内配合基本建设开展的考古工作相对

---

① 厦门大学三峡考古队等：《云阳佘家嘴遗址2001年度发掘报告》，收录于《重庆库区考古报告集·2001卷》，科学出版社，2007年。
② 李映福：《明月坝唐代集镇遗址初步研究》，收录于《重庆·2001三峡文物保护学术研讨会论文集》，科学出版社，2003年。

云阳县明月坝遗址远景

较少。进入21世纪以后,随着各级政府对文物保护的日渐重视,这一领域的工作得到了加强。受篇幅所限,下文主要对取得较大收获的项目予以简要介绍。

2005—2006年,为配合渝巫路开县至江口至农坝段建设,重庆市文物考古所对云阳县江口汉墓群实施考古发掘,在黄草坪等4处墓地清理新莽至东汉时期墓葬29座,对研究峡江地区汉代墓葬形制与葬俗提供了重要实物资料。2006年在配合云奉高速公路建设工程中对紫坪遗址、彭家湾遗址进行了抢救性发掘工作,清理房址、灰坑等遗迹10处,同属东周至汉代文化遗存,是研究区域内东周至汉代文化面貌的重要实物参考。

2016年配合平扎营库岸治理工程建设,清理战国、汉墓各1座,进一步充实了这一时期墓葬的考古发现;2019年配合江口至龙缸高速公路建设,调查发现文物点3处;2020年配合巫溪至开州高速公路建设,在云阳境内调查发现文物点5处;2021年先后开展了配合云阳工业园区、云阳抽水蓄能电站等建设项目考古调查,发现文物点9处。

三、三峡后续考古成果综述

云阳县境内的三峡后续考古工作主要围绕消落区地下文物抢救保护和大遗址保护两个主题而开展。据统计,在县域内先后开展各类考古发掘项目22项,除1项为大遗址保护项目(磐石城遗址)外,其余均为消落区地下文物保护项目。累计完成考古发掘16447平方米,出土各类文物标本近2500件(套)。

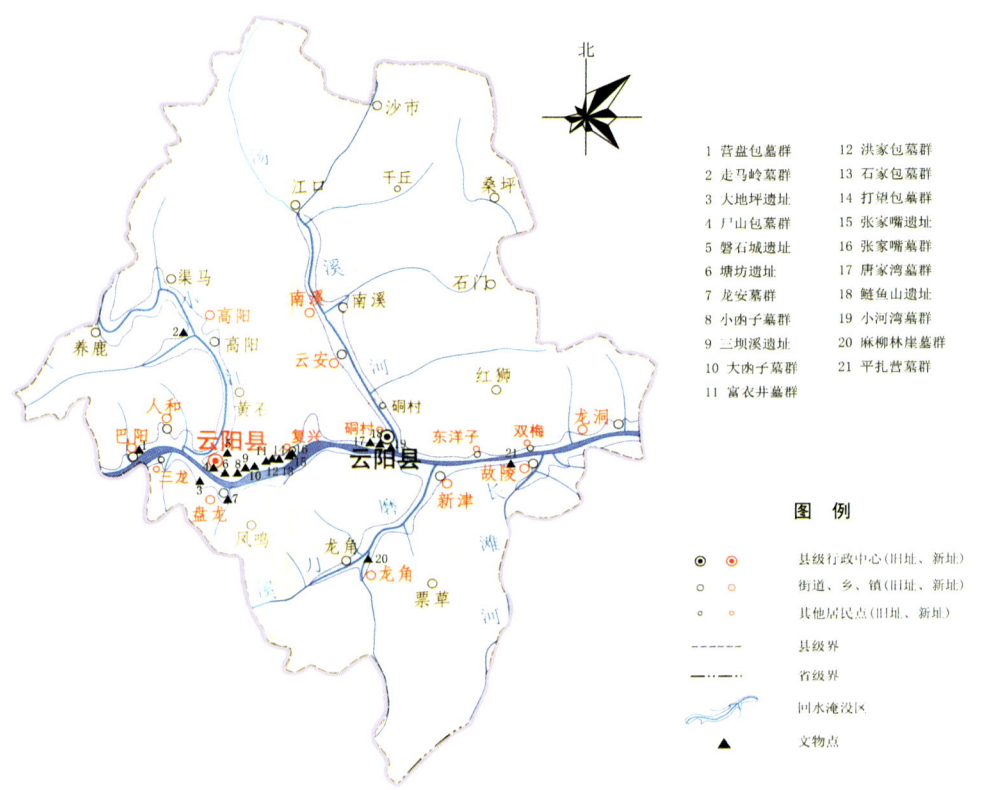

云阳县境内三峡后续考古项目位置示意图

云阳县境内三峡后续考古项目统计表

序号	项目编号	文物遗存	发掘年度	发掘面积（平方米）	备注
1	2011-1004	张家嘴墓群	2011	500	三峡结余资金项目
2	2011-1005	平扎营墓群	2011	500	三峡结余资金项目
3	2011-05	营盘包墓群	2012	575	三峡后续消落区地下文物保护项目
4	2011-06	走马岭墓群	2012	500	三峡后续消落区地下文物保护项目
5	2013-04	营盘包墓群	2012	676	三峡后续消落区地下文物保护项目
6	2013-05	麻柳林崖墓群	2013	400	三峡后续消落区地下文物保护项目

序号	项目编号	文物遗存	发掘年度	发掘面积（平方米）	备注
7	2013-22	小凼子墓群	2013	300	三峡后续消落区地下文物保护项目
8	2013-23	大凼子墓群	2014	800	三峡后续消落区地下文物保护项目
9	2013-24	洪家包墓群	2013	500	三峡后续消落区地下文物保护项目
10	2013-25	石家包墓群	2013	600	三峡后续消落区地下文物保护项目
11	2014-02	打望包墓群	2013	851	三峡后续消落区地下文物保护项目
12	2014-03	三坝溪遗址	2015	620	三峡后续消落区地下文物保护项目
13	2014-04	富衣井墓群	2014	300	三峡后续消落区地下文物保护项目
14	2014-05	塘坊遗址	2014	425	三峡后续消落区地下文物保护项目
15	2014-06	张家嘴遗址	2014	500	三峡后续消落区地下文物保护项目
16	2016-04	尸山包墓群	2016	514	三峡后续消落区地下文物保护项目
17	2016-05	大地坪遗址	2016	762	三峡后续消落区地下文物保护项目
18	2016-06	龙安墓群	2016	522	三峡后续消落区地下文物保护项目
19	2016-24	唐家湾墓群	2016	950	三峡后续消落区地下文物保护项目
20	2016-25	鲢鱼山遗址	2017	900	三峡后续消落区地下文物保护项目
21	2016-26	小河湾墓群	2017	702	三峡后续消落区地下文物保护项目
22	——	磐石城遗址	2017、2020	4050	三峡后续大遗址保护项目
合计				16447	

综合上述 22 项考古成果来看，时代最早的为磐石城遗址发现的新石器时代及商周时期文化遗存，战国墓葬有较为集中的发现，西汉时期墓葬总体数量不多，且一般与东汉至南朝墓葬共处一座墓地，体现出较长的文化延续性；东汉至南朝时期的墓葬占比较高。通过科学的考古工作，出土大量的珍贵文物，集中体现了这一时期云阳县域内的物质文化面貌。以下以时代为序简单介绍。

（一）先秦时期遗存

这一时期遗存仅见于磐石城遗址，在时代上进一步划分为新石器时代和商周时期两个阶段。其中，新石器时代陶片以夹砂红褐陶为大宗，另有夹砂黄褐陶、夹砂灰陶、夹砂黑陶等，可辨器型主要为折沿盘口罐等，属峡江地区新石器晚期的玉溪坪文化；商周时期陶片多为泥质灰褐陶，可辨器型有小平底罐、高柄豆等，此外还出土有部分石器，包括石斧、石锛、石䃎等，属峡江地区商周时期的石地坝文化。这批先秦遗存的发现，改变了峡江地区早期遗存分布在沿江低海拔区域这一传统认识，是探索该地区先秦时期文化面貌的重要实物参考。

（二）战国至西汉时期遗存

战国时期，重庆库区是巴、楚、秦，尤其是巴、楚竞相争夺的重要区域，在文化面貌上表现出以一种文化为主体，多种文化因素相互交融的文化现象。云阳地处三峡库区腹心地带，这种现象尤为突出。其中发现战国—西汉时期墓葬的有营盘包墓群、打望包墓群、塘坊遗址和张家嘴遗址等，墓葬中普遍发现有巴、楚文化因素共存现象，体现出这一时期独特的文化面貌。营盘包墓群发现楚文化墓葬 5 座、巴文化墓葬 3 座。打望包墓群发现战国墓 4 座，出土有鼎、壶、敦等典型楚文化仿铜礼器，时代为战国晚期。塘坊遗址发现战国墓葬 1 座、西汉墓葬 3 座，其中西汉墓葬虽遭严重破坏，仍出土有壶、罐、仓、钵、豆、瓮、房、盆、器盖、俑等陶器及铜钱、铜棺饰、铁钩、铁釜、玉发笄等文物。张家嘴遗址发现 2 座战国墓，但破坏严重，出土器物仅见楚式豆，时代为战国中晚期。

（三）东汉至南朝时期遗存

三峡地区的东汉至南朝墓葬数量非常丰富，尤其是砖室墓在消落区考古中最为常见，几乎在库区的每个区县都有发现，且在文化面貌上具有高度的一致性。在云阳消落区所做的 18 项考古发掘工作中，有 16 项主体时代为东汉至南朝。

小卤子墓群清理两汉墓葬 3 座，虽然数量不多，但是形制比较少见。墓葬均分布在山脊上，在下挖墓圹时由于自然条件限制而不得不进行一些人工处理，如 M3 所处位置狭窄，长度不够，所以在两侧低洼处先用土将墓底填平后再铺砖。两侧地势低洼在开挖时是可以预估的，所以这样修建应该是刻意为之。墓葬中出土有陶罐、壶、鼎、钵、盒、豆、仓、甑、勺、器盖等组合器物，另见铜洗、铜鍪等铜器。本次考古发掘为探讨这一地区两汉墓地的选择、墓葬排列、丧葬习俗等提供了重要参考。

三坝溪遗址考古发掘共清理汉代墓葬 7 座，其中长方形土坑竖穴墓 4 座、砖室墓 3 座，其中 1 座为"刀"形，另 2 座为残墓。由于该区域墓葬距离地表较浅，扰乱严重，同时因处于消落区，江水的冲刷加重了扰乱。出土器物有陶钵、器盖、罐、仓等组合，另见铜质发簪、泡钉、钱币、铜石组合质地的研镜石等文物，其中研镜石为云阳县境内的首次发现。

富衣井墓群共清理 3 座墓葬，均遭不同程度的盗扰，器物组合不全。M3 虽被盗扰，但还是出土了大量随葬品。陶器以泥质灰陶为主，纹饰以网格纹、弦纹为主。器物组合：陶器类，罐、瓮、鼎、锺、盒、仓、釜、钵、豆、盆等；铜器类，鍪、饰件等。钱币为东汉五铢。出土的仓、罐、瓮、钵等与 2004 年度云阳走马岭墓地 M1 出土的遗物相近，基本上可推断该墓葬属东汉早期墓葬。

尸山包墓群共清理汉至南朝墓葬 5 座，被扰乱严重，出土器物种类丰富，有陶熏炉、壶、罐、仓、钵、釜、杯、房、甑、灯、匜、器盖、碗、俑、碟等，瓷罐、三足器、盘、盏，铜镜、铜饰件、铜钱，铁钩、铁器，石圭，木牌，串珠等，为研究峡江地区汉至南朝的墓葬形制和墓葬习俗提供了重要的实物资料。

（四）隋唐至明代遗存

隋唐及宋代的遗存较为零星。大凼子墓群M4墓砖尺寸、花纹与汉至南朝、宋代的砖室墓有明显差别，因被盗掘及江水冲刷破坏，随葬品残存较少。其墓砖形制与纹饰与江西吉水房后山隋代墓葬所出墓砖相似，且墓内出土多系罐也与该墓所出四系罐形制相似，故判断其年代应为隋代。马沱墓群Ⅱ区发掘了1处房址，出土了部分瓷器，其时代大致为宋代。唐家湾墓群发现有2座宋代石室墓。

明代遗存相对丰富，主要以墓葬为主。三峡地区的明代墓葬主要有石室墓、砖室墓、竖穴土坑墓等三大类，在云阳消落区考古工作中均有发现。在小河湾墓群、鲢鱼山遗址、大凼子墓群等都见有明代墓葬。其中小河湾墓群发现长方形竖穴土坑墓16座、石室墓2座。因人为和自然因素破坏严重，出土器物虽数量相对较少，但种类丰富，有陶、瓷、银、铜、铁质随葬器物。这批墓葬规格普遍偏小，排列有序，葬式比较统一，皆为仰身直肢葬，其性质应为经规划的公共墓地。大部分墓葬墓主头部皆有枕瓦，随葬品比较粗糙，推测墓主为经济能力较差的普通民众。

四、三峡后续代表性考古发现

（一）磐石城遗址

磐石城（磨盘寨）位于重庆市云阳县青龙街道长江北岸的山地上，西侧有彭溪河（又称小江），南侧有长江，东、北方向为山谷地带，磐石城周边有公路环绕，后寨门下方为云阳新城登云梯末端的云顶广场及停车场，西南侧为三峡文物园。遗址所在区域为一块独立隆起的岩石山体。整个山体斜卧于南北之间，城址平面布局近似棱形，长轴大体沿西南—东北向，前后寨门分别位于长轴的两端（东北为前寨门，西南为后寨门），直线距离约420米。

磐石城远景

东南与西北为悬崖，南北两面为陡峭岩壁，相距约130米。整体地形中间高、周边低，西北一侧地势相对平缓且宽阔，东南靠江一侧则地势陡峭。城内最高海拔541米，最低海拔510米，局部设置有挡墙护坡，以梯步解决上下交通。

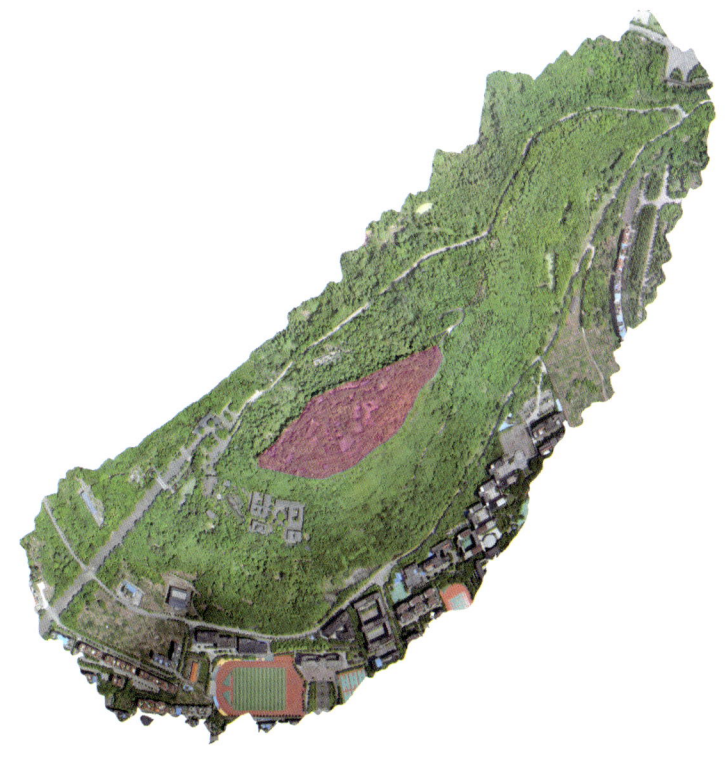

磐石城遗址及周边区域正射影像（红色区域为城址范围）

磐石城历史悠久,在文献中屡有提及,在宋元(蒙)山城防御体系中亦发挥了重要作用。魏晋时期,所谓朐忍"大石城"。晋常璩《华阳国志·巴志》:"朐忍县,[郡]西二百九十里。水道有东阳、下瞿数滩。山有大小石城势。"《后汉书·郡国志》"巴郡·朐忍"条下[梁]刘昭注云:"《巴汉志》曰'山有大小石城势者'。"南宋吕师夔屯兵磐石城以抗击蒙古军队。南宋德祐元年(1275年),亦即元至元十二年七月,元将杨文安进攻石城堡(磐石城),守将谭汝和降。南宋祝穆《方舆胜览》"夔州路·云安军·山川"

前寨门

后寨门

主要遗迹及格局

发掘区 A 区全景

发掘区 B 区全景

发掘区 C 区全景

条下，载有"石城山，在岷江（长江）北岸，相去一里"。《元史·杨文安列传》："文安乃遣监军杨应之、镇抚彭福寿会东川行院兵，出小江口以牵制援兵，果与之遇，战败之，擒总管李皋、花茂实等。万州固守不下，文安乃解围去。攻石城堡，谕降守将谭汝和。"清许缵曾《磐石城记》："考之宋世，有吕将军者，屯兵于此，战守有备，人民乂安。"清光绪三十二年《云阳县乡土志》："磨盘寨（一曰磐石城）……宋吕将军师夔师实屯于其上。"明清时期，磐石城亦称为石城山、磨盘寨。明嘉靖二十年《云阳县志》："石城山，县东二里，《汉志》有大、小石城，故名。"明末清初谭诣驻军磐石城。清光绪三十二年《云阳县乡土志》："磨盘寨（一曰磐石城）……明谭谊移镇东川，守天生、磐石两城，耕战有备，国初封向化侯。"乾隆五十四年（1789年），云阳涂氏购得磐石城。

房址（明清）

房址（明清）

炮台（明清）

民国十九年《云阳涂氏族谱》绘涂氏宗祠图

1987年，云阳县人民政府公布磐石城为云阳县文物保护单位。2000年9月，重庆市政府公布磐石城为第一批重庆市文物保护单位。2012年5—6月，重庆市文化遗产研究院对磐石城进行了考古调查工作，并对磐石城内开展了小规模的试掘。共发现地下文物点4处，地面文物点9处，文物构件散落区9处。除了在磐石城外发现的1处汉代遗址外，其余均为清代遗存。

2017年，随着三峡后续大遗址保护项目立项，配合磐石城遗址的保护规划、本体保护设计及展示利用方案而开展的考古工作进入大规模实施阶段。该项目分为2017和2020两个年度实施，合计完成发掘面积4050平方米，为该遗址下一阶段的保护、展示与利用奠定了良好基础。

涂家祠堂建筑基址（清）

6号房址（局部，清）

3号房址（局部，清）

2017年度的工作系磐石城遗址的首次大规模发掘，完成发掘面积2700平方米，清理房址、粮仓、墙基、炮台、水井、道路等各类遗迹19处，出土器物以瓷器为大宗，其他包括铜钱、瓦片、陶片等，瓷器中又以清代青花瓷为主。此外，还发现有商周、汉至南朝时期遗存，出土器物包含瓷器、陶器、石器等。通过对考古调查结果和发掘的遗迹、遗物等资料的整合分析，掌握了磐石城现存文物的保存和分布状况，磐石城遗址现保存有城墙、城门、瓮城、祠堂基址、房址、粮仓基址、药房、堰塘、水井、炮台、道路、石墙等，在磐石城外围区域有水井、石墙、采石场、堰塘等遗迹分布。

2020年度的考古发掘工作完成发掘面积1350平方米，并配合磐石城危岩治理项目和磐石城文物保护规划项目开展了局部的调查和试掘工作。发掘的遗存从时代上可分为早、晚两个阶段,早段为新石器至商周时期,晚段为明清至民国时期。早段遗存主要分布于遗址中部地势较高的区域,出土了数量较多的陶片和石器,可辨器型有罐、豆、盆、盘、器盖等陶器,以及斧、锛、凿、矛等石器;晚段遗存是磐石城遗址的主体遗存,遍布于遗址内各个区域,共清理房址12座,还包括有道路、排水沟、灰坑等遗迹。出土遗物数量众多,类型丰富,均为日常生产生活用品。其中以青花瓷器为主,器型有碗、盘、杯、勺、盒等;铜钱数量也较多,时代涵盖明、清、民国等不同时期;此外,还有大量的青灰色瓦片,以及粗瓷器和石构件等。

(二)营盘包墓群

营盘包墓群位于重庆市云阳县巴阳镇巴阳村二组,东距云阳县城约20公里,东临巴阳码头,西濒巴阳溪,地势呈中间高四周低。墓群分布范围东西长180米,南北宽140米,总面积约15000平方米。

该墓群于1987年发现,1992年曾进行复查,1993年12月由四川大学三

营盘包墓群周边环境

发掘区远景

发掘区（局部）

峡考古队勘查核实。2002年，福建省文物考古所对该墓群进行了大规模发掘，发掘面积3000余平方米，清理了44座战国至汉代墓葬，其中，土坑墓43座，砖室墓1座，出土器物近300件。随着三峡库区消落区文物保护工作的启动，2011年、2012年重庆市文化遗产研究院、湖北省长阳博物馆联合组建考古队，

竖穴土坑墓（战国）

竖穴土坑墓（战国）

对该墓群进行了再次发掘。共清理战国墓8座、汉墓10座、明墓2座。其中战国墓排列有序，朝向基本一致，随葬品置于墓室一侧，鼎、敦、壶、豆陶器组合完整，具有典型的峡江地区楚文化墓葬特征。巴文化墓中出土有釜、矮柄豆等典型的巴人实用器，其时代大致在战国晚期至秦汉之初。墓地总体规模不大、墓葬密集、时代相近，有学者认为这批遗存与秦灭巴、蜀及其后不久，楚文化的第三次大规模西进有关。

石室墓（明）

竖穴土坑墓（战国）

竖穴土坑墓（西汉）

（三）打望包墓群

打望包墓群位于重庆市云阳县青龙街道复兴社区一组（原双江镇群益村）。西北距云阳县城约5公里。该墓群地处长江北岸坡地上，墓地所在区域北高南低，整体地势坡度较大。南临长江，北依山坡与复兴社区集镇相接，东临龙溪沟。该墓群于1987年发现，1992年曾进行复查，2002年10—12月，南京大学历史系考古专业对该墓群进行了抢救性考古发掘，完成发掘面积2000平方米，清理汉代和魏晋时期墓葬11座，类型有砖室墓和土坑墓两类，出土

打望包墓群周边环境

发掘区（局部）

竖穴土坑墓（战国）

战国墓随葬铜剑

竖穴土坑墓（战国）

发掘区远景

发掘场景

竖穴土坑墓（战国）

器物有陶器、瓷器、铁器、铜器等300余件（套）。2013年5月，重庆市文化遗产研究院、湖北省长阳博物馆组建联合考古队，对该墓群进行了第二次抢救性发掘，共清理墓葬10座，其中战国楚墓4座、汉墓5座，另有残墓1座，发掘总面积851平方米。通过发掘确认，双江镇群益村沿江一带是汉至南朝时期墓葬分布较集中的地区，年代较早的位于高处，年代较晚的位于坡下较低处，墓向一致向南，可以看出该墓地为经统一规划的家族式墓地。

（四）龙安墓群

墓群位于重庆市云阳县双江镇复兴社区马沱村八社长江北岸二级台地上，西距云阳县县城约10公里。该墓群于1992年四川省文物考古研究所调查发现，1994年四川大学考古

龙安墓群发掘区远景

龙安墓群远景及周边环境

发掘区（局部）

砖室墓随葬品

砖室墓随葬品

系复查确认。2001—2003 年，为配合三峡工程建设，郑州市文物考古研究所对该墓群进行了发掘，发掘面积 8300 平方米，清理墓葬 133 座。墓葬时代涵盖战国至唐宋等多个时期，以战国墓葬与东汉墓葬为主，出土了大量遗物。

砖室墓墓道

砖室墓甬道券顶及封门砖

砖室墓（东汉）

2016年5月，重庆市文化遗产研究院与湖北省长阳博物馆组建联合考古队，对该墓群进行了再次发掘，共清理7座土坑墓和10座砖室墓。土坑墓基本无出土物，仅M7出土了2件陶敦，为典型楚人仿铜礼器，其时代大致在战国晚期。砖室墓虽大部分被盗扰，但还是出土了相当数量的随葬品，陶器均为泥质灰陶，纹饰以网格纹、弦纹为主，器物组合为罐、瓮、鼎、锺、盒、仓、釜、钵、盆等，墓葬年代属东汉中晚期。

（五）大囫子墓群

大囫子墓群位于重庆市云阳县青龙街道复兴居委4组（原双江镇兴隆村），地处长江北岸一处东西长约200米、南北宽约70米的山坡之上，坡度约35°。该墓群系在1992年三峡库区文物专项调查时发现，并被纳入三峡文物保护考古发掘计划。2003年，成都市文物考古研究所和绵阳市博物馆联合对该墓群进行了考古发掘，完成发掘面积550平方米，清理墓葬5座，含砖室墓3座、土坑墓2座，时代为东汉至南朝时期。出土随葬品以陶器和釉陶器为主，器型有罐、盆、盒、仓、勺、灶、壶、鼎、熏炉、钵等，另有鎏金铜饰和五铢钱等。墓群所在区域现为荒地，上方由于云阳县城滨江路建设施工，地表滚落了大量的石块，近岸处由于江水反复冲击及山体滑坡形成约1.5米深的淤沙层，给考古发掘造成一定难度。

2014、2015年重庆市文化遗产研究院先后分两个阶段对该墓群进行了发掘工作。其中2014年完成发掘面积200平方米，清理汉至南朝时期砖室墓2座，明代石室墓3座；2015年完成发掘面积400平方米，清理汉代土坑墓1座、汉至南朝砖室墓4座、隋代砖室墓1座。共出土陶、铜、铁等质地器物标本近百件。出土器物以陶、釉陶质为主，器型有罐、盆、钵、壶、鼎、楼、案、俑、仓、

大囫子墓群远景及周边环境

砖室墓随葬遗物

砖室墓墓砖纹饰

砖室墓（隋）

豆、熏炉、器盖等；瓷器为多系罐；铜器有镜、鼎等；铁器有削、刀等。

本次考古工作发现的汉至南朝墓葬分布较为密集，疑似家族墓地。对这批墓葬的发掘为探讨这一地区汉至南朝时期墓地选择、墓葬排列及在此基础上开展的人口规模、社会政治、经济发展状况等提供了重要的实物资料。其中M6出土铜鼎（M6∶19）的球形腹和矮蹄足与云阳李家坝M10∶18有相似之处，但前者为平底，而后者为圜底。鼎身雕刻纹饰有龙凤、狻猊等神兽，形象生动精美，在峡江地区尚属首次发现。根据其图案题材推测其年代应不早于东汉中期，可能作为香炉使用。另外M11出土了完整的筒形排水管，其铺设流程为先在墓室低矮角落挖一小凹坑，坑口外接排水

砖室墓（东汉）

管，管道整体比墓底矮约15厘米，在坑底及排水管连接处放置鹅卵石以防止泥沙堵塞管道，形成一套简单有效的排水系统，为研究汉代墓葬排水系统提供了重要的实物资料。

此次发掘的M4为隋代墓葬，其墓砖尺寸、花纹与汉至南朝、宋代砖室墓有明显差别，因盗掘及江水冲刷破坏，随葬品虽残留较少，但仍为峡江地区隋代墓葬研究提供了珍贵的素材。

（六）麻柳林崖墓群

麻柳林崖墓群位于重庆市云阳县龙角镇龙堰村2组，长江支流磨刀溪东侧和泥溪河西侧山崖边，由于三峡水利工程库区蓄水，现磨刀溪和泥溪河已将中州山环绕形成中州岛，墓群即分布于中州岛东西两侧濒临岸边的山丘崖壁上，分布面积约1500平方米。该墓群于1993年三峡水利工程库区文物调查时发现。陕西省考古研究所和西安半坡博物馆于2003年对其进行了发掘，发掘面积1000平方米。2013年重庆市文化遗产研究院对其开展再次发掘工作，共清理崖墓8座，发掘面积297平方米。

麻柳林崖墓群远景

麻柳林崖墓群位于中州岛的临三峡库区库岸东西两侧的崖壁上。墓葬数量多，形制大体一致，墓葬时代均为东汉至六朝。同一墓地内墓葬排列有序，朝向相近，应是一处经过统一布局的家族墓群。该墓群延续时间长，并在形制上体现出了个体差异，进一步充实了峡江地区崖墓的考古发现。

发掘区局部

（七）鲢鱼山遗址

鲢鱼山墓群位于重庆市云阳县云阳镇蔬菜村3组，坐落于长江北岸低矮的缓坡上，地势北高南低，海拔高程150～172米，属三峡水库消

崖墓墓门及墓道

落区。鲢鱼山墓群为重庆市三峡后续文物保护项目，2009年9月10日云阳县文物管理所在第三次全国文物普查时发现。2018年重庆市文化遗产研究院与中山大学社会学与人类学学院联合对鲢鱼山墓群开展抢救性发掘，计划发掘面积800平方米，实际发掘面积900平方米，清理墓葬30座（M220-M249），其中土坑墓29座，石室墓1座（M228）；发掘灰坑4个。墓葬时代均为明代。

土坑墓均为长方形竖穴，墓向基本一致，多东北—西南向，个别接近正南北方向，墓葬排列不甚规整，分布较密集。墓坑内有人骨遗存和陪葬品，墓主头向东北，葬式多为仰身直肢葬，葬具为木棺，墓底可见木棺腐朽后的板灰痕迹，各墓葬出土有数量不等的棺钉；石室墓保存状况较差，仅西、北部保有砌筑石椁的条石。各墓葬间存在大小和形制的差别，多带有形制各异的头龛，随葬器物的多寡反映了墓主生前不同的经济实力，对研究三峡地区明代葬俗提供了有价值的实物资料，墓葬的集中分布或可代表该处为同村人群墓地或是聚族而葬。

鲢鱼山遗址发掘区全景

229号墓头龛

236号墓头龛

221 号墓（明代）

229 号墓（明代）

230 号墓（明代）

236 号墓（明代）

石斧

磐石城遗址出土
商周

石斧

磐石城遗址出土
商周

石斧

磐石城遗址出土
商周

石斧

磐石城遗址出土
商周

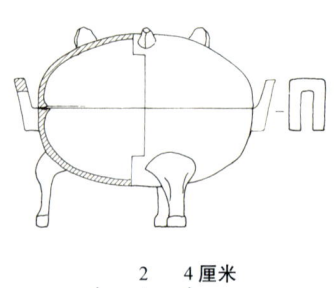

陶鼎

打望包墓群出土
战国

陶鼎

打望包墓群出土
战国

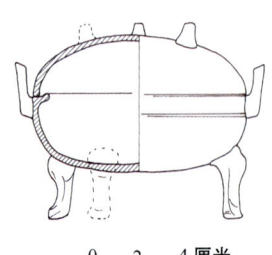

陶鼎

营盘包墓群出土
战国

陶鼎

营盘包墓群出土
战国

陶壶

营盘包墓群出土
战国

陶壶

打望包墓群出土
战国

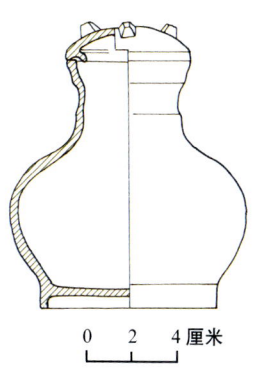

陶壶

营盘包墓群出土
战国

陶壶

营盘包墓群出土
战国

陶罐

打望包墓群出土
战国

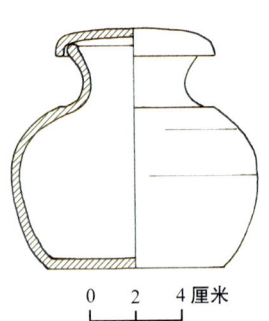

云阳篇

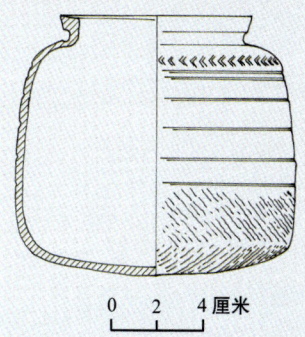

陶罐

打望包墓群出土
战国

陶罐

营盘包墓群出土
战国

陶罐

打望包墓群出土
战国

 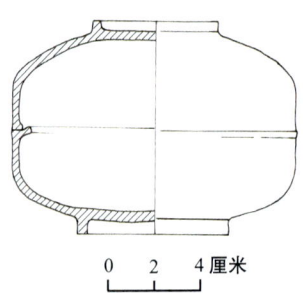

陶盒

打望包墓群出土
战国

陶敦

营盘包墓群出土
战国

陶豆

打望包墓群出土
战国

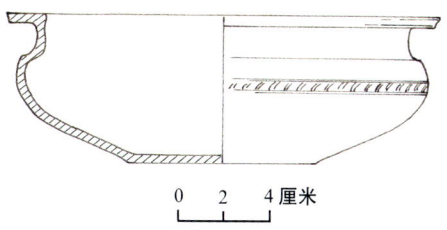

陶盂

打望包墓群出土
战国

陶豆

打望包墓群出土
战国

陶豆

张家嘴遗址出土
战国

陶钵

营盘包墓群出土
战国

陶豆

营盘包墓群出土
战国

陶豆

营盘包墓群出土
战国

陶豆

营盘包墓群出土
战国

陶豆

营盘包墓群出土
战国

青铜剑

打望包墓群出土
战国

铜印章

营盘包墓群出土
战国

玉发笄

塘坊遗址出土
战国

陶罐

打望包墓群出土
西汉

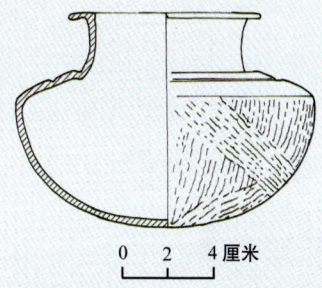

陶器盖

打望包墓群出土
西汉

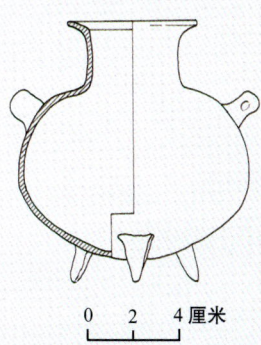

陶三足罐

打望包墓群出土
西汉

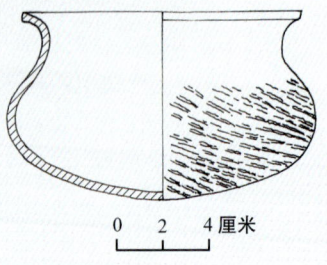

陶罐

打望包墓群出土
西汉

陶罐

营盘包墓群出土
西汉

陶钵

打望包墓群出土
西汉

陶盒

打望包墓群出土
西汉

陶罐

营盘包墓群出土
西汉

陶罐

营盘包墓群出土
西汉

陶罐

营盘包墓群出土
西汉

陶瓯

打望包墓群出土
西汉

陶锺

营盘包墓群出土
东汉

陶锺

营盘包墓群出土
东汉

陶壶

富衣井墓群出土
东汉

陶壶

大地坪遗址出土
东汉

釉陶锺

大地坪遗址出土
东汉

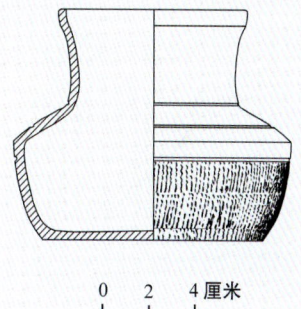

陶壶

小囵子墓群出土
东汉

陶锺

大囵子墓群出土
东汉

陶锺

营盘包墓群出土
东汉

陶盒

富衣井墓群出土
东汉

釉陶盒

大地坪遗址出土
东汉

陶鼓腹罐

大地坪遗址出土
东汉

陶罐

营盘包墓群出土
东汉

陶盒

大地坪遗址出土
东汉

陶鼓腹罐

龙安墓群出土
东汉

陶瓮

富衣井墓群出土
东汉

陶仓

营盘包墓群出土
东汉

陶仓

富衣井墓群出土
东汉

陶釜

营盘包墓群出土
东汉

陶仓

龙安墓群出土
东汉

陶仓

龙安墓群出土
东汉

陶双耳釜

大函子墓群出土
东汉

陶甑

营盘包墓群出土
东汉

陶釜

营盘包墓群出土
东汉

釉陶盆

大地坪遗址出土
东汉

陶釜

营盘包墓群出土
东汉

陶双耳釜

龙安墓群出土
东汉

陶钵

营盘包墓群出土
东汉

陶钵

营盘包墓群出土
东汉

陶魁

营盘包墓群出土
东汉

陶魁

富衣井墓群出土
东汉

陶厄

营盘包墓群出土
东汉

陶杯

大地坪遗址出土
东汉

陶器盖

营盘包墓群出土
东汉

陶器盖

营盘包墓群出土
东汉

釉陶博山炉

大囟子墓群出土
东汉

云阳篇

陶博山炉

营盘包墓群出土
东汉

陶博山炉

富衣井墓群出土
东汉

陶博山炉

龙安墓群出土
东汉

陶灯

营盘包墓群出土
东汉

陶勺

小函子墓群出土
东汉

釉陶勺

富衣井墓群出土
东汉

陶博山炉

营盘包墓群出土
东汉

陶案

富衣井墓群出土
东汉

陶灶

营盘包墓群出土
东汉

铜钱币

富衣井墓群出土
东汉

陶水管

大函子墓群出土
东汉

陶房

大函子墓群出土
东汉

陶塘

大囟子墓群出土
东汉

铜饰件

营盘包墓群出土
东汉

铜镜

大凼子墓群出土
东汉

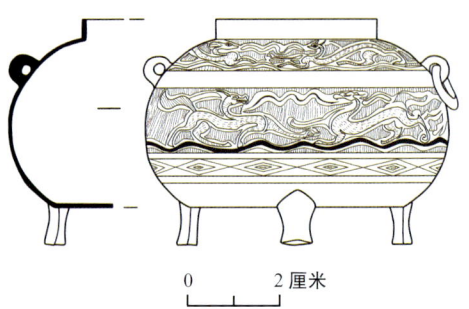

铜鼎

大凼子墓群出土
东汉

银环
───
大囟子墓群出土
东汉

铜饰件
───
营盘包墓群出土
东汉

瓷钵
───
张家嘴遗址出土
六朝

瓷钵
───
张家嘴遗址出土
六朝

釉陶双耳罐

张家嘴遗址出土
六朝

瓷钵

张家嘴遗址出土
六朝

银钗

张家嘴遗址出土
六朝

瓷多系罐

大凼子墓群出土
隋代

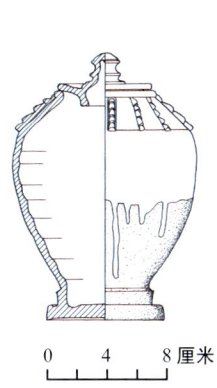

瓷谷仓罐

唐家湾墓群出土
明代

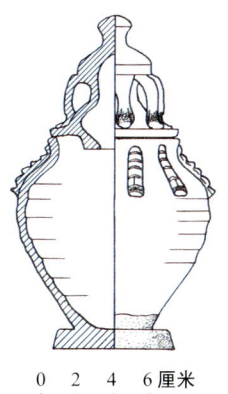

瓷谷仓罐

鲢鱼山遗址出土
明代

瓷罐

唐家湾墓群出土
明代

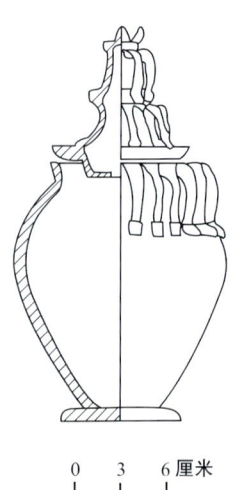

瓷谷仓罐

小河湾墓群出土
明代

瓷谷仓罐

鲢鱼山遗址出土
明代

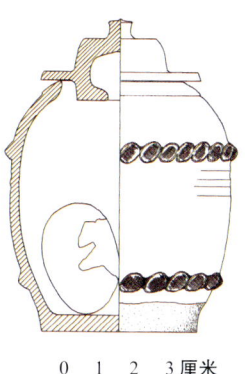

瓷谷仓罐

鲢鱼山遗址出土
明代

瓷谷仓罐

小河湾墓群出土
明代

后记

遵照重庆市文物局的统一部署，重庆市文物考古研究院作为项目团体领队单位，全面负责三峡后续考古工作的组织和实施。我院为此专门成立了领导小组和多部门参与的工作小组，明确管理机制，出台实施细则，确保项目实施的顺畅。在本书涉及的巫山、奉节、云阳三个县项目的实施过程中，得到了中山大学、北京师范大学、中国人民大学等高校考古专业，以及巫山博物馆、奉节县文物保护管理中心、云阳县文物保护管理所等单位的大力支持，与我院共同承担了部分项目的发掘工作。项目所在县文物部门的协作工作及时、到位，为项目提供了良好、稳定的工作环境。

本书是集体智慧的结晶。重庆市文物考古研究院领导班子大力支持对本书的编写工作，自始至终给予我们充分的信任和鼓励。在本书的论证会上，重庆市文物考古研究院学术委员会林必忠、李大地、刘继东等诸位委员对本书提出了很多宝贵意见。本书巫山篇由代玉彪、范鹏执笔，奉节篇由杨鹏强、范鹏执笔，云阳篇由黄伟、范鹏执笔，范鹏完成了全书的资料增补、校对修改和统稿，白九江对全书进行了审定。此外，马晓娇、周寅寅、蔡远富、牟丹分别承担了部分前期工作，董小陈、王铭、孙吉伟为本书临时增拍了一批出土文物照片。本书的完成同样离不开我院兄弟部门的支持，特别是我院保管部于桂兰主任等为我们查阅考古资料提供了诸多便利。在此对以上领导、专家和同仁致以诚挚地谢意！

最后还要特别感谢四川大学出版社的梁胜先生，他的专业精神确保了本书的质量。

受限于视野、能力和水平，本书的疏漏、不足甚至错误不可避免，敬请专家、学者批评指正。

编 者

2021 年 12 月